KB232913

베이직 일본어

김 남 숙

제이앤씨
Publishing Company

머리말

요즈음

세계화의 구호아래 여행이나 사업 등 국제 진출의 기회는 넓어지고, 외국과의 교류도 활발해져 지구촌 한가족이란 말은 어느덧 당연시되고 있다. 외국어의 필요와 수요도 여러 가지 형태로 나타난다. 영어, 중국어, 일본어, 러시아어 등 외국어는 선택이 아닌 필수사항이 되었다.

흔히들 일본어는 한국어와 비슷하여 쉽게 배울 수 있다고 생각하지만 초급단계에서 포기하는 경우가 대부분이다. 아마도 실제장면에서의 대화성공여부에 그 이유가 있지 않나 생각한다. 대화성공은 일본어 학습동기를 지속적으로 부여하고, 바로 일본어 학습의 성패를 좌우한다.

본 교재는 이러한 점을 숙지하여 기본문형 습득시 즉각적인 회화운영능력에 성공할 수 있도록 역점을 두어 구성하였다. 또한 교재순서에 따라서 차근차근 공부해 가는 동안, 학습자도 모르는 사이에 자연스럽고 재미있는 일본어 학습이 될 수 있도록 도모하였다.

2010년 11월
저자 씀

: 1 : 본문

등장인물의 일상회화를 토대로 전개한다. 분문 앞에 새로운 단어를 제시하고, 단어의 선택은 사용 빈도수가 높은 기본 어휘를 기본으로 한다.

: 2 : 해설

내용에 따라서 정리한다. 꼭 필요한 문법사항, 어휘, 뉘앙스 차이 등을 수록하여 효과적 학습을 돕는다.

: 3 : 문형연습

대개 4, 5문형으로 나누어 연습하고, 또한 친밀체문형을 통해 자연스러운 회화문형을 공부하기로 한다. 그리고 각 과마다 적절한 형식명사를 다룬다.

: 4 : 일본문화상식

각과 마무리로 일본의 실태와 관습 등 알아두기 코너를 두었다.

contents

あ	a	い	i	う	u	え	e	お	o
か	ka	き	ki	く	ku	け	ke	こ	ko
さ	sa	し	si	す	su	せ	se	そ	so
た	ta	ち	chi	つ	tsu	て	te	と	to
な	na	に	ni	ぬ	nu	ね	ne	の	no
は	ha	ひ	hi	ふ	hu	へ	he	ほ	ho
ま	ma	み	mi	む	mu	め	me	も	mo
や	ya			ゆ	yu			よ	yo
ら	ra	り	ri	る	ru	れ	re	ろ	ro
わ	wa					を	o	ん	n

カタカナ

ア	a	イ	i	ウ	u	エ	e	オ	o
カ	ka	キ	ki	ク	ku	ケ	ke	コ	ko
サ	sa	シ	si	ス	su	セ	se	ソ	so
タ	ta	チ	chi	ツ	tsu	テ	te	ト	to
ナ	na	ニ	ni	ヌ	nu	ネ	ne	ノ	no
ハ	ha	ヒ	hi	フ	hu	ヘ	he	ホ	ho
マ	ma	ミ	mi	ム	mu	メ	me	モ	mo
ヤ	ya			ユ	yu			ヨ	yo
ラ	ra	リ	ri	ル	ru	レ	re	ロ	ro
ワ	wa					ヲ	o	ン	n

1 Unit 문자와 발음 (1)

日本語 文字는 漢字와 ひらがな(히라가나), カタカナ(카타카나)로 구성되고, 숫자나 로마자와 함께 쓰이고 있다.

1 漢字

日本語 漢字는 音読(한자의 음)만으로 읽지 않고 때로는 訓読(한자의 뜻)으로도 읽힌다. 韓国語에서는 音読으로만 사용하기 때문에 일본어 학습에서 한자읽기가 자칫하면 어려움을 느낄 수도 있다. 그러나 漢字는 일본어를 알기 위해서는 당연히 공부해야 할 문자임을 숙지하고 기본적인 한자를 읽고 쓸 수 있어야 한다. 1981년 일상생활에서 널리 쓰이는 1945字를 常用漢字로 제정하였는데 일본어학습자는 이것을 기본으로 학습해야 한다.

2 가나

가나 「仮(빌리다)・名는(문자)」는 빌린 문자라는 뜻으로 한자를 모체로 만들어졌다. 가나에는 ひらがな(히라가나)와 カタカナ(카타카나) 2종류가 있고, 가나를 5자씩 10줄로 일정 순서로 배열한 것을 五十音図라고 한다.

① **ひらがな** 한자의 초서체를 병형시켜 만든 문자로 평이한 문자란 뜻이다. 여성들이 쓰던 문자로 현대일본어에서 가장 기본적인 문자이다.

② **カタカナ** 한자의 첫부분이나 끝부분을 따서 만든 문자로 주로 한문 훈독을 할 때 썼던 문자이다. 현대일본어에서는 외래어표기, 의성어, 강조하고 싶은 부분 등에 쓰이고 있다.

3 せいおん 清音

あ	い	う	え	お
ア	イ	ウ	エ	オ

あい(愛)	いえ(家)	うえ(上)	え(絵)	おい(甥)
사랑	집	위	그림	조카

か	き	く	け	こ
カ	キ	ク	ケ	コ

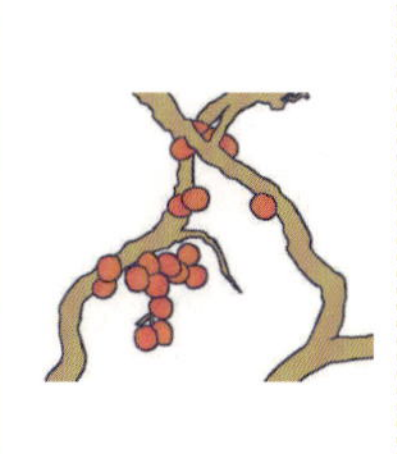    

かき(柿)	きく(菊)	くき(茎)	いけ(池)	こえ(声)
감나무	국화	줄기	연못	목소리

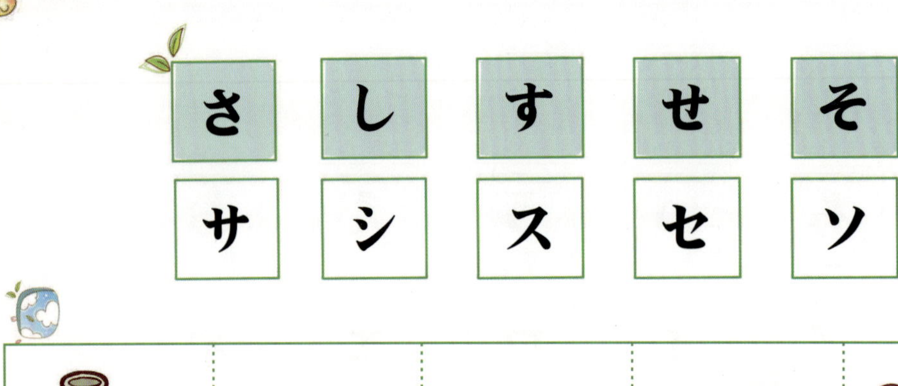

さ	し	す	せ	そ
サ	シ	ス	セ	ソ

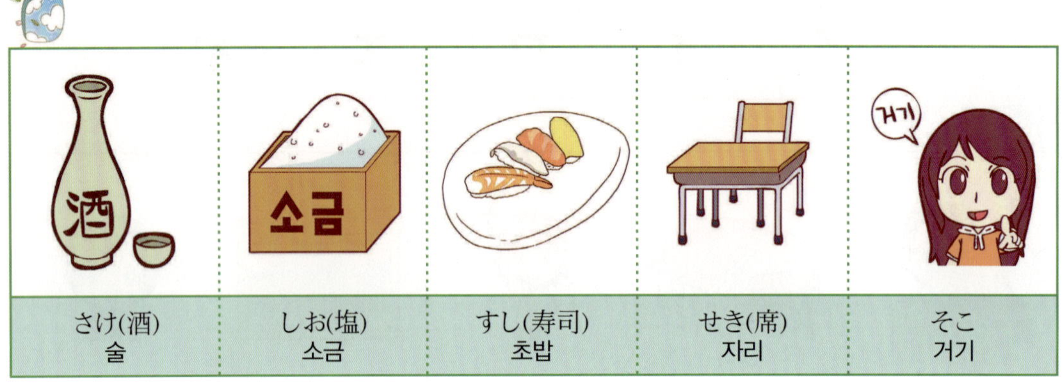

さけ(酒) 술	しお(塩) 소금	すし(寿司) 초밥	せき(席) 자리	そこ 거기

た	ち	つ	て	と
タ	チ	ツ	テ	ト

たけ(竹) 대나무	ちえ(知恵) 지혜	つき(月) 달	て(手) 손	とけい(時計) 시계

| な | に | ぬ | ね | の |
| ナ | ニ | ヌ | ネ | ノ |

|  |  |  |  | |
| なつ(夏)
여름 | にく(肉)
고기 | ぬの(布)
헝겊 | ねこ(猫)
고양이 | のき(軒)
처마 |

| は | ひ | ふ | へ | ほ |
| ハ | ヒ | フ | ヘ | ホ |

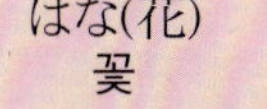はな(花) 꽃	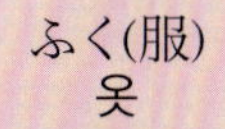ひと(人) 사람	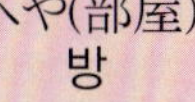ふく(服) 옷	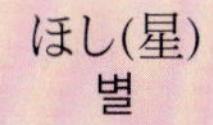へや(部屋) 방	ほし(星) 별

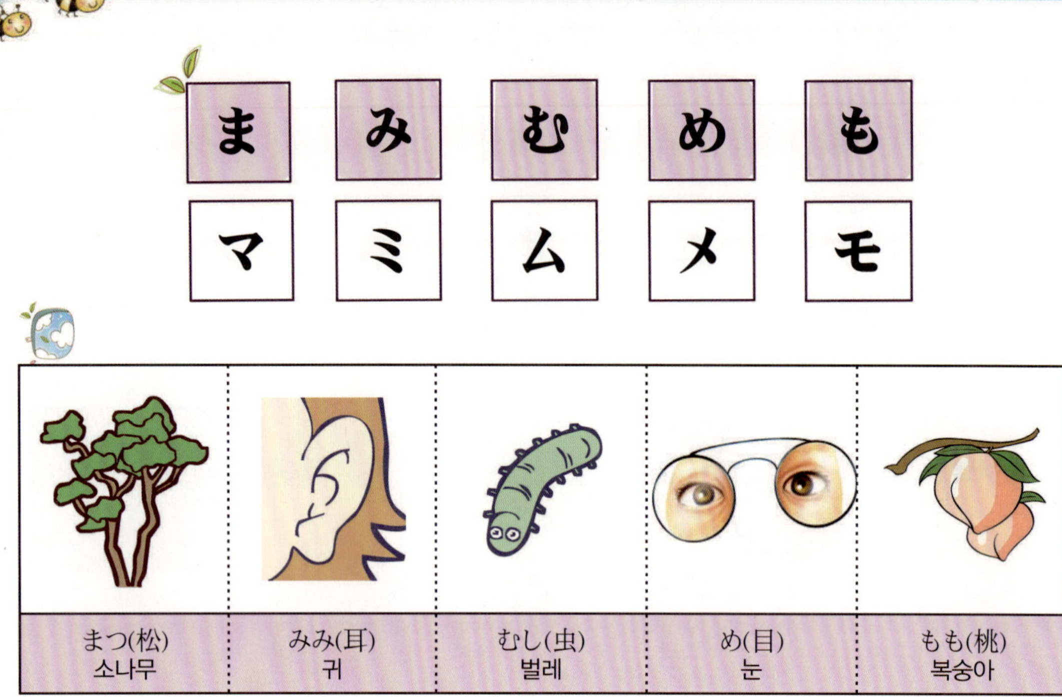

ま	み	む	め	も
マ	ミ	ム	メ	モ

まつ(松) 소나무	みみ(耳) 귀	むし(虫) 벌레	め(目) 눈	もも(桃) 복숭아

や		ゆ		よ
ヤ		ユ		ヨ

やま(山) 산	やおや(八百屋) 야채가게	ゆき(雪) 눈	ゆめ(夢) 꿈	よめ(嫁) 며느리

ら	り	る	れ	ろ
ラ	リ	ル	レ	ロ

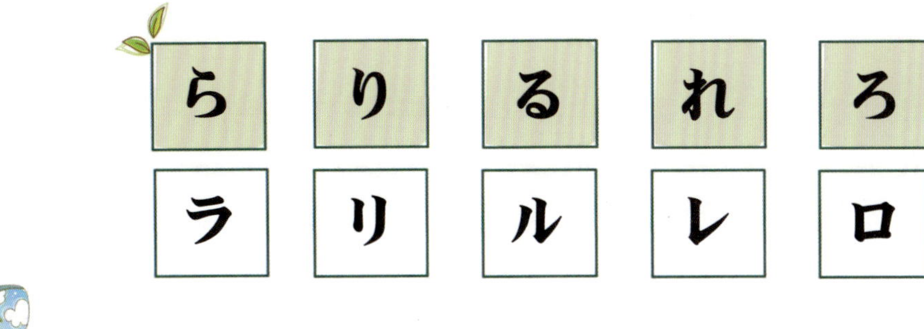

さくら(桜) 벚나무	りす 다람쥐	さる(猿) 원숭이	れきし(歴史) 역사	ろく(六) 육

わ	を	ん
ワ	ヲ	ン

わたし(私) 나, 저	ゆびわ(指輪) 반지	を ~을/를(조사)	ほん(本) 책	かんこく(韓国) 한국

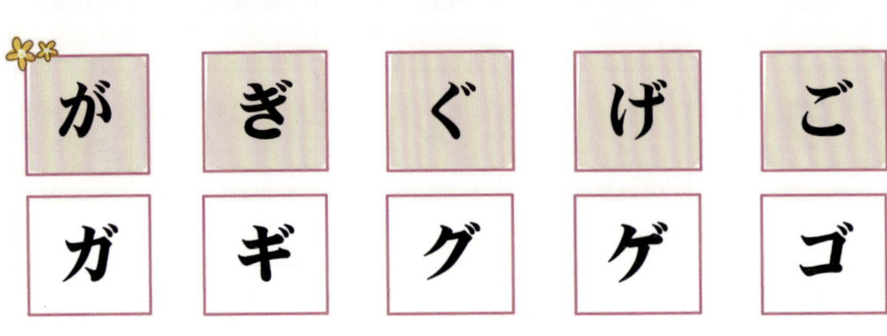

が	ぎ	ぐ	げ	ご
ガ	ギ	グ	ゲ	ゴ

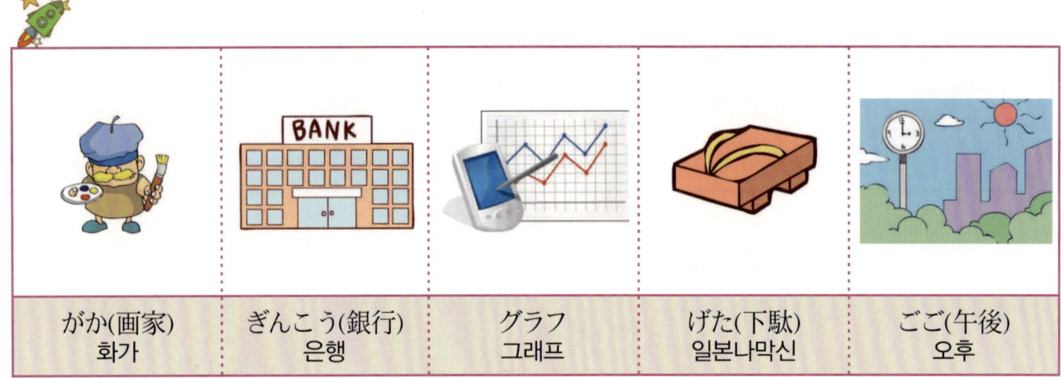

がか(画家) 화가	ぎんこう(銀行) 은행	グラフ 그래프	げた(下駄) 일본나막신	ごご(午後) 오후

ざ	じ	ず	ぜ	ぞ
ザ	ジ	ズ	ゼ	ゾ

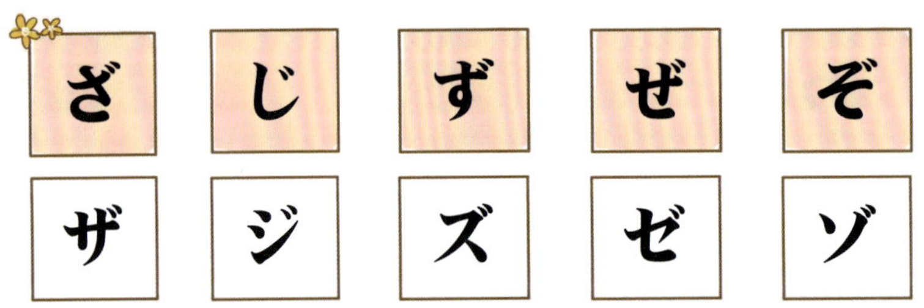

ざる(笊) 소쿠리	じしん(地震) 지진	ずるい 교활하다	ぜいきん(税金) 세금	ぞう(象) 코끼리

だ	ぢ	づ	で	ど
ダ	ヂ	ヅ	デ	ド

だれ 누구	はなぢ(鼻血) 코피	こづつみ 소포	でんわ(電話) 전화	どこ 어디

ば	び	ぶ	べ	ぼ
バ	ビ	ブ	ベ	ボ

ばか(馬鹿) 바보	びがく(美学) 미학	ぶた(豚) 돼지	ベル 벨	ぼく(僕) 나

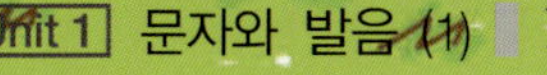

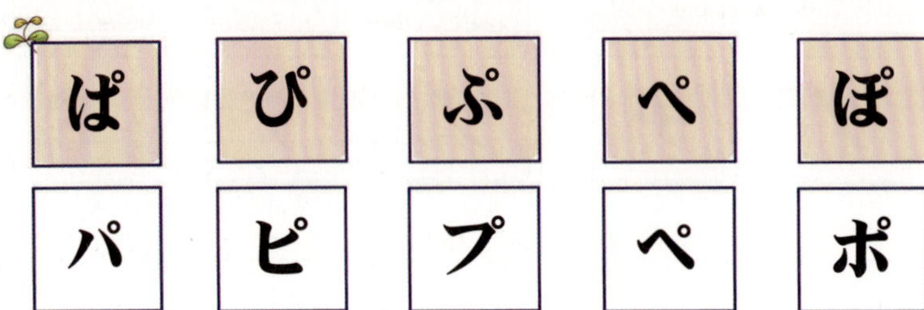

| ぱ | ぴ | ぷ | ぺ | ぽ |
| パ | ピ | プ | ペ | ポ |

かんぱい(乾杯) 건배	えんぴつ(鉛筆) 연필	てんぷら 튀김	ぜんぺん(前編) 전편	たんぽぽ 민들레

きゃ	キャ	きゅ	キュ	きょ	キョ
ぎゃ	ギャ	ぎゅ	ギュ	ぎょ	ギョ

きゃく(客) 손님	ぎゃく(逆) 반대	ちきゅう(地球) 지구	ぎゅうにゅう(牛乳) 우유	きょり(距離) 거리	きんぎょ(金魚) 금붕어

しゃ	シャ	しゅ	シュ	しょ	ショ
じゃ	ジャ	じゅ	ジュ	じょ	ジョ

しゃしん(写真) 사진	じゃま(邪魔) 방해	しゅみ(趣味) 취미	じゅんび(準備) 준비	しょくじ(食事) 식사	じょせい(女性) 여성

ちゃ	チャ		ちゅ	チュ		ちょ	チョ
ぢゃ	ヂャ		ぢゅ	ヂュ		ぢょ	ヂョ

おちゃ(お茶) 차	ちゅうもん(注文) 주문	アマチュア 아마츄어	ちょきん(貯金) 저금	ちょちく(貯蓄) 저축

にゃ		にゅ		によ
ニャ		ニュ		ニョ

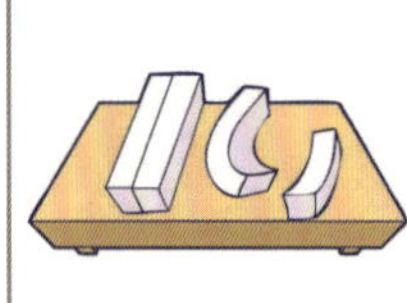	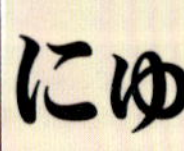			
こんにゃく(蒟蒻) 곤약	ぎゅうにゅう(牛乳) 우유	ニュース 뉴스	にょうぼう(女房) 처, 마누라	せんにょ(仙女) 선녀

ひゃ	ヒャ	ひゅ	ヒュ	ひょ	ヒョ
びゃ	ビャ	びゅ	ビュ	びょ	ビョ
ぴゃ	ピャ	ぴゅ	ピュ	ぴょ	ピョ

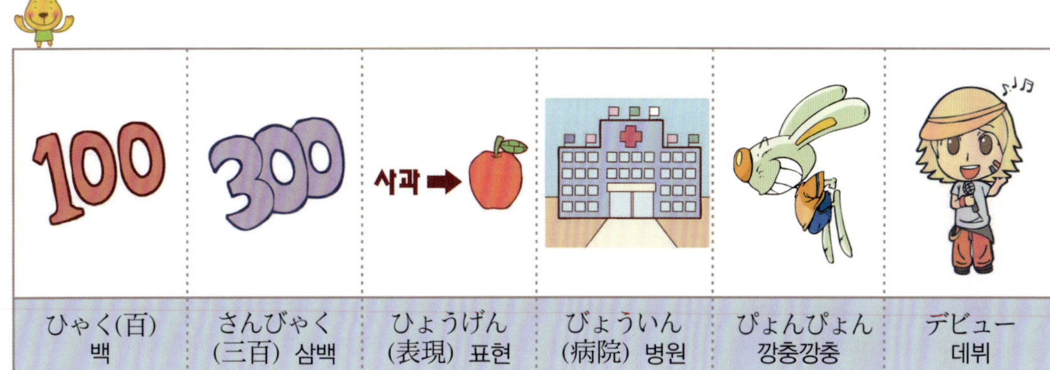

| ひゃく(百)
백 | さんびゃく
(三百) 삼백 | ひょうげん
(表現) 표현 | びょういん
(病院) 병원 | ぴょんぴょん
깡충깡충 | デビュー
데뷔 |

| みゃ | みゅ | みょ |
| ミャ | ミュ | ミョ |

| みゃく(脈)
맥 | びみょう(微妙)
미묘 | みょうじ(名字)
성씨 | ミュージカル
뮤지컬 | みゃくはく(脈拍)
맥박 |

| りゃ | りゅ | りょ |
| リャ | リュ | リョ |

| 國 = 国 |  |  |  |  |
| りゃくじ(略字)
약자 | りゅう(竜)
용 | りゅうがく(留学)
유학 | りょこう(旅行)
여행 | のうりょく(能力)
능력 |

베이직
일본어

2 문자와 발음 (2)

일본어 발음 시, 빼놓을 수 없는 요소가 박(拍)이다. 박(拍)이란 박자와 같은 개념으로 일본어를 발음할 때 글자 하나하나에 주어지는 일정한 시간적 길이를 말한다. 일본어가나는 한 박의 길이를 가지며 장음, 촉음, 발음도 각각 한 박이 된다. 단 요음은 앞의 い段과 함께 두 글자를 한 박(拍)으로 한다. 일본어발음에는 자음접변이나 연음법칙 같은 종류의 발음은 전혀 없다. 글자 하나하나를 발음 해주어야 하므로 한 글자를 한 박자로 생각하면서 연습하도록 한다.

て(手)	손	いす(椅子)	의자
きょう(今日)	오늘	ざっし(雑誌)	잡지
さんか(参加)	참가	おもちゃ	장난감
おばさん	아주머니	おばあさん	할머니

長音 (ちょうおん)

한 음절의 소리를 길게 늘여 두 음절분의 길이로 발음하는 것을 장음이라 한다. 고유어나 장음은 모음으로 표기하고, 외래어의 장음은 'ー'로 표기한다.

 「あ」段 글자 뒤에 오는 「あ」는 장음임을 나타낸다. 

おかあさん 어머니	スカート 스커트	おばあさん 할머니

 「い」段 글자 뒤에 오는 「い」는 장음임을 나타낸다. 

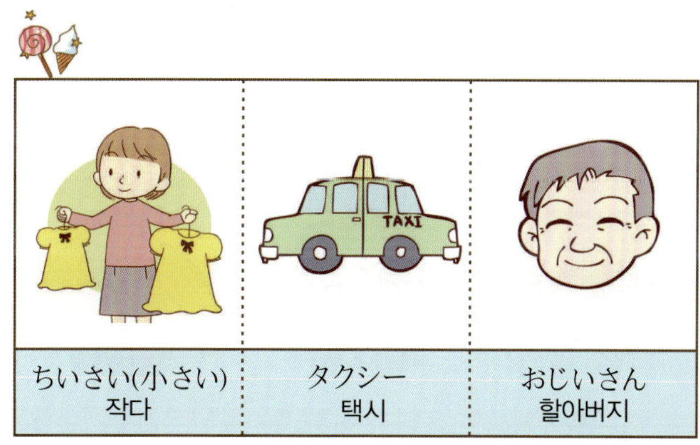

ちいさい(小さい) 작다	タクシー 택시	おじいさん 할아버지

「う」段 글자 뒤에 오는 「う」는 장음임을 나타낸다.

すうがく(数学) 수학	スーパー 슈퍼마켓	ふうふ(夫婦) 부부

「え」段 글자 뒤 ① 한자어는 「い」
② 고유어는 「え」는 장음임을 나타낸다.

えいご(英語) 영어	せんせい(先生) 선생님	おねえさん 누나, 언니	セーター 스웨터	ええ 예, 네

「お」段 글자 뒤 ① 한자어는 「う」
② 고유어는 「お」「う」는 장음임을 나타낸다.

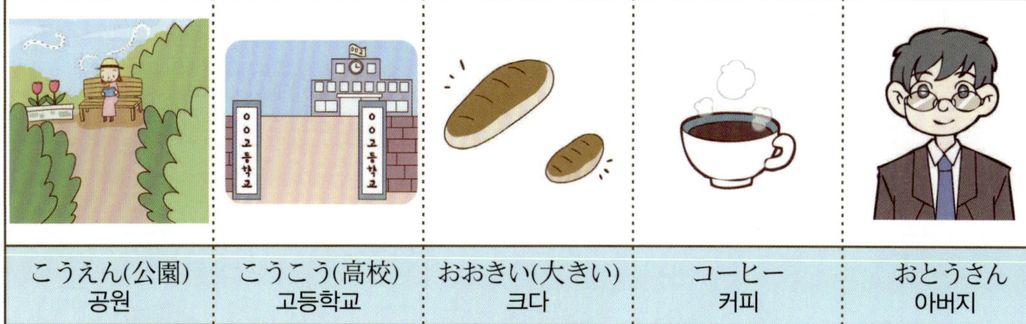

こうえん(公園) 공원	こうこう(高校) 고등학교	おおきい(大きい) 크다	コーヒー 커피	おとうさん 아버지

2 はつおん 撥音

발음은 「ん・ン」으로 한국어의 받침소리역할을 하는 음절로 뒤에 오는 음에 따라 다르게 실현된다. 「ん・ン」은 한국어 받침과는 달리 한 박자이므로 주의해야 한다.

[m] 「ㅁ」의 경우 － ま・ば・ぱ行 앞에서

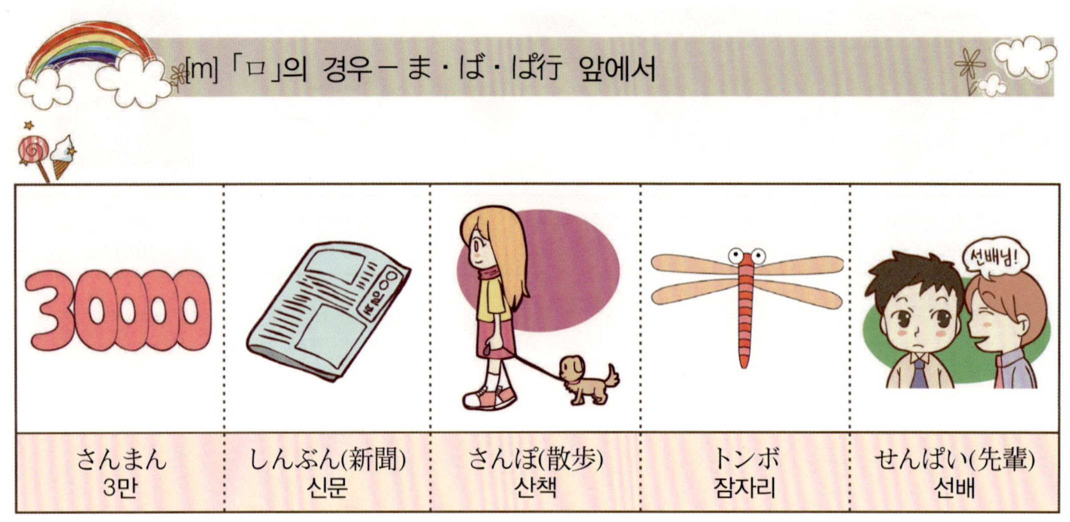

さんまん 3만	しんぶん(新聞) 신문	さんぽ(散歩) 산책	トンボ 잠자리	せんぱい(先輩) 선배

[n] 「ㄴ」의 경우 － さ・ざ・た・だ・な・ら行 앞에서

しんせつ(親切) 친절	オレンジ 오렌지	うんてん(運転) 운전	もんだい(問題) 문제	どんな 어떤	べんり(便利) 편리

にんき(人気) 인기	ぎんこう(銀行) 은행	おんがく(音樂) 음악

[N]「ㄴ + ㅇ」의 경우 ― あ・は・や・わ行 앞에서, 단어의 끝

れんあい(恋愛) 연애	てんいん(店員) 점원	よんひゃく (四百) 사백	ほんや(本屋) 서점	でんわ(電話) 전화	ごはん 밥

③ 促音

촉음은「つ・ツ」를 가나의 오른쪽 밑에 작게 써서 표기하며, 한국어 받침과는 달리 한 박자
이므로 주의해야 한다.

いっき(一気)	バック	いっさい(一切)	さっそく 즉시
단숨	백, 가방	일절	

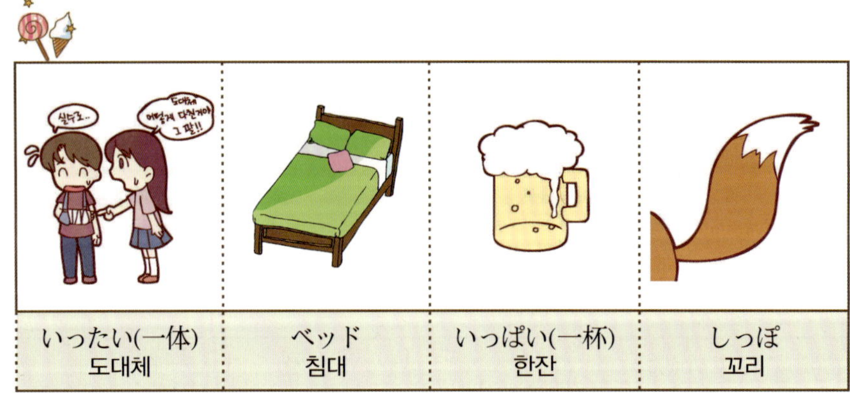

いったい(一体)	ベッド	いっぱい(一杯)	しっぽ
도대체	침대	한잔	꼬리

4 악센트(アクセント)

일본어에는 악센트에 따라 뜻이 달라지기 때문에 매우 중요한 부분을 차지하고, 영어와는
달리 높낮이(고저)악센트이다.

 중고형(中高型) 낙차가 둘째 음절 이하에 있는 것

ひ(火) 불	あめ(雨) 비	でんき(電気) 전기

미고형(尾高型) 낙차가 단어 끝부분에 있는 것

たまご(卵) 달걀	たてもの(建物) 건물	ぶんぼうぐ 문방구

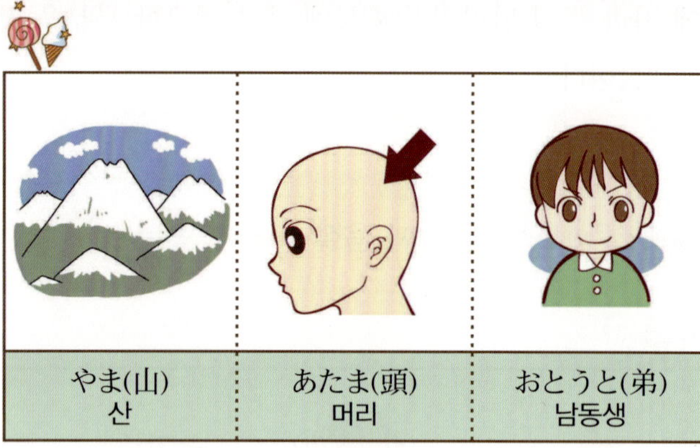

やま(山) 산	あたま(頭) 머리	おとうと(弟) 남동생

두고형(頭高型) 낙차가 단어 첫머리에 있는

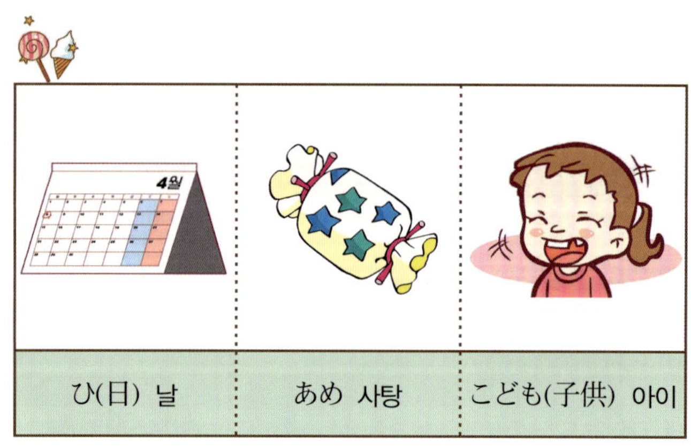

ひ(日) 날	あめ 사탕	こども(子供) 아이

 **5　外来語**

외래어나 의성어를 나타내기 위해 쓰이게 된 소리나 표기가 있다. 이러한 표기는 외국의
고유명사 등을 원음에 가깝게 나타내기 위해 새로 쓰이게 된 발음과 표기들이다.
(平成3年(1991年) 6月 18日付 内閣告示 第2号)

イェ

イェルサレム	예루살렘

ウィ・ウェ・ウォ

ゴールデンウィーク	황금연휴	ウェブサイト	웹사이트
ウォーミングアップ	워밍업		

クァ・クィ・クェ・クォ・ グァ

クァルテット	콰르테트, 사중주	クィーン	여왕
クェスチョンマーク	물음표	クォーテーションマーク	따옴표
パラグァイ	파라과이		

シェ・ ジェ

シェークスピア	셰익스피어	ジェスチャー	몸짓

チェ

チェック	체크

ツァ・ツィ・ツェ・ツォ

モーツァルト	모차르트	ソルジェニーツィン	솔제니친
コンツェルト	콘체르트, 협주곡	カンツォーネ	칸초네

ティ・ディ

パーティー	파티	ディスコ	디스코

テュ・デュ

テューバ	튜바	デュエット	듀엣

トゥ・ドゥ

トゥールーズ	톨루즈	ヒンドゥー	힌두

ファ・フィ・フェ・フォ

ファイル	파일	プロフィール	프로필
フェンシング	펜싱	フォーク	포크

フュ

フュージョン	퓨전

ヴァ・ヴィ・ヴ・ヴェ・ヴォ・ヴュ

ヴァイオリ	바이올린	ヴィーナス	비너스
ライヴ	라이브	ヴェルサイユ	베르사유
ヴォーカル	보컬	デヴュー	데뷔

베이직 일본어

3 はじめまして

Unit

李　姜さん、おはよう ございます。

姜　李さん、おはよう ございます。

こちらは 山本さんです。韓国大学の学生で、私と 同じ 学科です。

山本　はじめまして。山本と いいます。どうぞ よろしく。

李　はじめまして。李ユリです。

こちらこそ どうぞ よろしく。

山本　李さんも 韓国大学の 学生ですか。

李　いいえ、韓国大学では ありません。

漢陽女子大学の国際観光科です。

自分(じぶん) 자신	紹介(しょうかい) 소개
おはようございます 안녕하세요(아침)	こちら 이쪽
～は ～은(는)	～さん ～씨(님)
～です ～입니다	～ですか ～입니까
韓国(かんこく) 한국	大学(だいがく) 대학
学生(がくせい) 학생	～で ～이고, 이어서
私(わたし) 나, 저	～と ～와(과)
同(おな)じ 같은	学科(がっか) 학과
はじめまして 처음 뵙겠습니다	～と いいます ～라고 (말)합니다
どうぞ よろしく 잘 부탁드립니다	こちらこそ 저야말로
～も ～도	～の ～의
いいえ 아니오	～では ありません ～이(가) 아닙니다
女子(じょし) 여자	国際観光科(こくさいかんこうか) 국제관광과

****

彼(かれ) 그	会社員(かいしゃいん) 회사원
山本(やまもと) (인명) 야마모토	専攻(せんこう) 전공
友(とも)だち 친구	日本語(にほんご) 일본어
英語(えいご) 영어	先生(せんせい) 선생님
田中(たなか) (인명) 타나까	留学生(りゅうがくせい) 유학생
韓国人(かんこくじん) 한국인	おっと 남편
日本人(にほんじん) 일본인	これ 이것
本(ほん) 책	あなた 당신
山田(やまだ) (인명) 야마다	公務員(こうむいん) 공무원
あれ 저것	

1 인사(あいさつ)

❶ 만났을 때 하는 인사 – 안녕하세요

おはよう ございます　（아침）

こんにちは。　　　　　（낮）　（は는 [wa]로 발음）

こんばんは。　　　　　（저녁）　（は는 [wa]로 발음）

❷ 처음 만났을 때 인사

はじめまして。　　　：처음 뵙겠습니다.

どうぞ よろしく。　：잘 부탁드립니다.

　　　　　　　　　더 정중한 말은 どうぞよろしくお願(ねが)いします

こちらこそ。　　　　：저야말로 (잘 부탁드립니다)

2 ～は ～です ～는(은) ～입니다.

「～は」는 우리말의 「～는(은)」과 같이 앞의 명사를 설명하려고 하는 조사로 「wa」라고 발음한다. 설명부분은 「～です」(입니다)를 붙여서 나타내고, 의문조사 「～か」를 붙여 의문문 「～ですか」(입니까)를 만든다. (cf.「です」는 「～だ」(이다)의 정중체이다)

예 山田さんは 学生だ。
　　山田さんは 学生です。
　　山田さんは 学生ですか。

～では ありません です의 부정으로 ～이(가) 아닙니다

예 山田さんは 学生では ありません。

3 ～と いいます ～라고 (말)합니다

자기 소개할 때 하는 표현으로 자신의 이름 뒤에 붙여 「～라고 합니다」라는 뜻이다. 이름에 ～です(～입니다)를 쓰기도 하고 겸양표현으로는 ～と もうします(～라고 합니다)이다.

> 예 私は 山本と もうします。
> 私は 山本と いいます。
> 私は 山本です。

4 助 詞

は	「～는(은)」에 해당하는 조사로 「wa」로 발음한다.
も	우리말의 「～도」에 해당하는 조사로 같은 종류의 것이 반복될 때 쓰인다.
と	나열할 때의 조사로 우리말의 「～과(와)」에 해당한다. 私と 同じ 学科です。 인용을 나타내는 경우는 「～라고」에 해당한다. 私は 山本と いいます。
の	명사와 명사를 연결하는 조사로 「～의」에 해당한다. 우리말에서는 해석되지 않는 경우가 많고, 또 소유주 뒤에서 「～의(것)」의 뜻으로도 사용된다. 또는 동격으로도 쓰인다. 예 これは 日本語の 本です。　　　이것은 일본어 책입니다.　　(명사연결) 東京大学の 学生です。　　　동경대학의 학생입니다. これは 私の 本です。　　　이것은 내 책입니다.　　(소유) こちらは 小説家の 大江さんです。　　이쪽은 소설가 오오에씨입니다.　　(동격)

▶ 私(わたし)

우리말의「나/저」에 해당한다. 남녀구별 없이 가장 무난히 사용할 수 있는 1인칭 대명사이다. 그러나 너무 많이 사용하면 자기주장만을 하는 느낌을 들게 하므로 누구인지 아는 상황에서는 생략을 하는 경우가 많다.

▶ あなた

2인칭 대명사로「당신」에 해당한다. 본래의 높임말의 의미가 없어져서 지금은 손아랫사람이나 친한 사람에게만 사용한다.

1人称	2人称	3人称	不定称(의문사)
わたし(私) わたくし 僕(ぼく)	あなた 君(きみ)	彼(かれ) 彼女(かのじょ)	だれ

6 何(なん・なに) 무엇

「何ですか」의 경우에「なん」이라고 발음한다.「どれ」(어느 것)와 혼동하지 않도록 한다.

예 これは 何ですか。　　⇨ それは セーターです。
　　セーターは どれですか。　⇨ セータは あれです。

7 그 외 인사

おやすみなさい。	안녕히 주무세요인데 밤늦은 시간에 헤어지거나 전화를 끊을 때에도 사용한다.
さようなら。	안녕히 계세요. 헤어질 때 하는 인사말
失礼します。	실례합니다. 실례하겠습니다.
ごめんなさい。	죄송합니다.
すみません。	미안합니다. 모르는 사람에게 물어보거나 상점·식당에서 사람을 부를 때도 쓰여진다. 우리말의 「여보세요」에 해당한다.
もしもし。	여보세요 인데 전화상으로만 사용한다.
どうも ありがとう ございました。	감사합니다. 손윗사람에게는 일본에서도 수고하세요(おつかれさまでした)라는 인사말은 사용하지 않고 どうもありがとうございました를 사용한다.
どういたしまして。	고맙다라는 말에 대한 천만에요.
ただいま。	다녀왔습니다.
おかえりなさい。	잘 갔다 오셨어요?
いただきます。	잘 먹겠습니다.
ごちそうさまでした。	잘 먹었습니다.
いって まいります。	다녀오겠습니다.
いって いらっしゃい。	다녀오세요.

N は Nです

- 私は 学生です。
- 彼は 会社員です。
- こちらは 山本さんです。
- 私の専攻は 観光です。

Nの Nです。

- 韓国大学の 学生です。
- 私の 友だちです。
- 日本語の 本です。
- 英語の 先生です。

・・・で、・・・です

- こちらは 田中さんで、こちらは 李さんです。
- 田中さんは ソウル大学の 留学生で、李さんは 会社員です。
- 私は 韓国人で、夫は 日本人です。
- これは 日本語の 本で、それは 英語の本です。

Nも Nですか。

- あなたも 学生ですか。
- 山田さんも 会社員ですか。
- 彼も 公務員ですか。
- あれも 日本語の本ですか。

いいえ、Nでは　ありません。

・いいえ、学生では　ありません。

・いいえ、会社員では　ありません。

・いいえ、公務員では　ありません。

・いいえ、日本語の本では　ありません。

4 赤いセーター

Unit

李　　このセーター、どうですか。

姜　　そうですね。色は いいですが、デザインが ちょっと 古く ありま
　　　せんか。

李　　そうですか。 この赤いセーターは どうですか。

姜　　デザインは いいですけど、値段が 高いですね。
　　　あ、あの白いのは。

李　　どれどれ。あれですか。デザインも 新しくて 値段も 安いですね。

姜　　私に ぴったりですね。
　　　(店員に向かって)
　　　すみません。これは
　　　いくらですか。

店員　はい、それは 3万 5
　　　千ウォンです。

姜　　これを ください。

デパート 백화점	〜で (장소)에서
この 이	セーター 스웨터
どうですか 어떻습니까	そうです 그렇습니다
色(いろ) 색	デザイン 디자인
〜が 〜이(가)	ちょっと 조금
古(ふる)い 오래되다, 낡다	〜く ありません 〜지 않습니다
赤(あか)い 붉다	いい 좋다
〜けど 이지만	値段(ねだん) 가격
高(たか)い 비싸다. 높다	あの 저
白(しろ)い 희다	どれどれ 어디어디
あれ 저것	新(あたら)しい 새것이다
安(やす)い 싸다	〜に (사람)에게
ぴったり 꼭, 딱	店員(てんいん) 점원
向(む)かって 향해서	すみません 미안합니다, 여보세요
いくら 얼마	はい 예
3万(まん) 3만	5千(せん) 5천
ウォン 원	〜を 〜을(를)
ください　주세요	

****

冬(ふゆ) 겨울	寒(さむ)い 춥다
春(はる) 봄	暖(あたた)かい 따뜻하다
彼女(かのじょ) 그녀	頭(あたま) 머리
いい 좋다	よくて 좋고, 좋아서
かわいい 귀엽다	店(みせ) 가게
味(あじ) 맛	まずい 맛없다
きたない 더럽다, 치사하다	アパート 아파트
部屋(へや) 방	広(ひろ)い 넓다
明(あか)るい 밝다	多(おお)い 많다
キムチ 김치	おいしい 맛있다
少(すく)ない 적다	

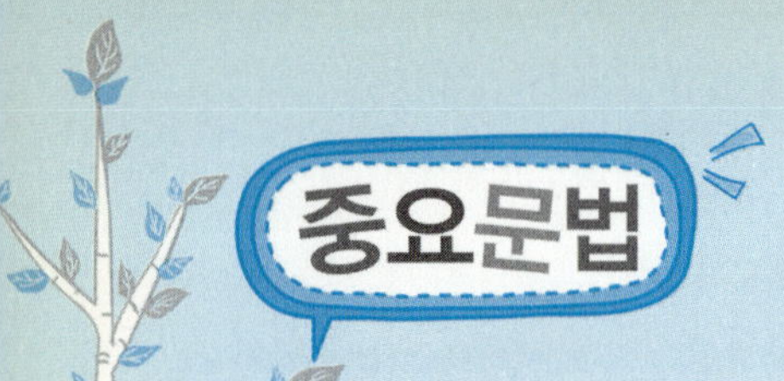

1 い形容詞

❶ 일본어 い形容詞는 어미가 「～い」인 형용사를 말한다.

> 예　赤い(빨갛다)　　　　　　安い(싸다)

　정중체는 「～です(입니다)」를 붙인다.

> 예　赤いです。　　　　　　安いです

❷ 정중체의 부정표현은 어미 「～い」를 「く」로 바꾸고 「ありません」을 붙인다. 「ありません」
의 원형인 ない + です(정중표현)」와 같다.

> 예　赤く ありません(＝赤くないです)
> 　　安く ありません(＝安くないです)

❸ 두 개 이상의 형용사를 나열할 때 어미 「～い」를 「く」로 바꾸고 「て」를 접속시킨다. 「て」
형은 나열과 이유・원인을 나타낸다.

> 예　このセーターは 赤くて いいです。
> 　　値段も 安くて 新しいです。

❹ 連体形 즉 명사를 수식할 때 원형 그대로 사용한다.

> 예　赤いセーターが いいです。
> 　　安いものを ください。

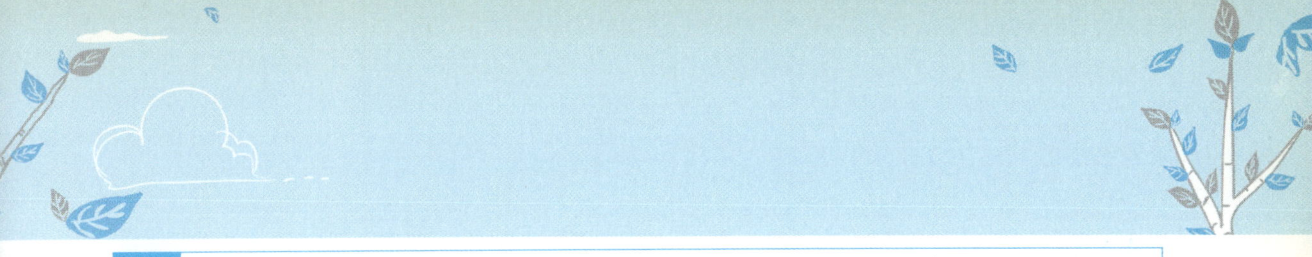

2　こ・そ・あ・ど 体系

こ ： 말하는 이에게 가까운 것(近称)

そ ： 듣는 이에게 가까운 것(中称)

あ ： 말하는 이, 듣는 이 모두에게 멀리 떨어져 있는 것(遠称)

ど ： 확실하지 않는 것(不定称)

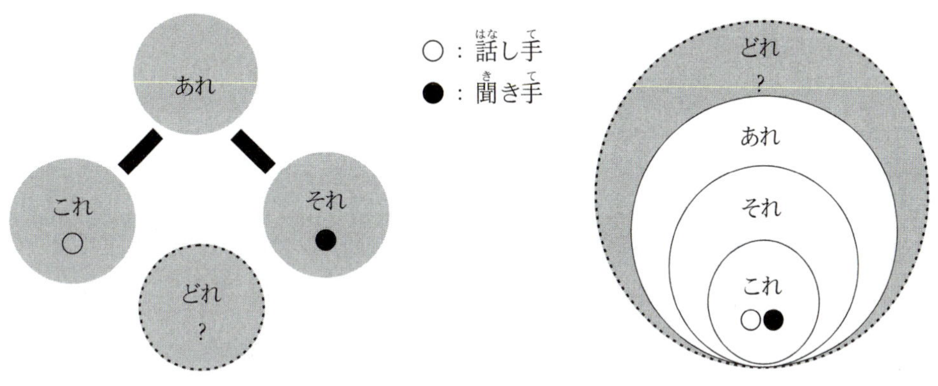

	こ(近称) 이	そ(中称) ユ	あ(遠称) 저	ど(不定称) 어느
事物(指示代名詞)	これ	それ	あれ	どれ
指示	この	その	あの	どの

例　これは 日本語の 本です。

　　あの コンピューターは 先生のです。

3　N(を)ください。

「ください」는「くださる(주시다)」의 명령표현에서 온 말로 우리말의「주세요」라는 의미이다.

예　りんごを　ください。　　いくつですか。　　八つ　ください。

4　数 詞

① 우리말의 일, 이... 에 해당한다. 漢數詞라고 한다.

1	2	3	4	5
いち	に	さん	よん・し	ご
6	7	8	9	10
ろく	しち・なな	はち	く・きゅう	じゅう
11	12	13	14	15
じゅういち	じゅうに	じゅうさん	じゅうよん(し)	じゅうご
16	17	18	19	20
じゅうろく	じゅうしち(なな)	じゅうはち	じゅうく	にじゅう

10	20	30	40	50
じゅう	にじゅう	さんじゅう	よんじゅう	ごじゅう
60	70	80	90	100
ろくじゅう	なな(しち)じゅう	はちじゅう	きゅうじゅう	ひゃく

② 우리말의 하나, 둘... 에 해당한다. 和数詞(固有数詞)라고 한다.

一つ(ひとつ)　　二つ(ふたつ)　　三つ(みっつ)　　四つ(よっつ)　　五つ(いつつ)
六つ(むっつ)　　七つ(ななつ)　　八つ(やっつ)　　九つ(ここのつ)　　十(とお)

열하나 이상은 漢数詞와 같다.

5　助 詞

の	조사 「の」는 용언(동사, 형용사, 동사) 뒤에서 준체조사로서 「〜(인)것」용법으로 쓰인다. 例 これより 安いのは いくらですか。 魚のうち、好きなのは 平目です。
に	조사 「に」는 「〜에」라는 뜻으로, 사람 뒤에 붙는 경우, 「〜에게/에게서」의 의미로 쓰인다. 例 山本さんに ぴったりです。
が	주격을 나타내는 조사로 「이/가」를 나타낸다. 例 デザインが 新しいです。
けど	접속조사 「けれども」와 같은 단어로 「〜(하)지만」의 뜻이다. 例 頭は いいですけど、性格は よく ないです。

Nは Nが いAです。

・韓国は 冬が 寒いです。
・日本は 春が 暖かいです。
・それは 値段が 安いです。
・このセーターは デザインが 新しいです。

Nも いA-くて いAです。

・これは デザインも 新しくて 安いです。
・彼女(かのじょ)は 頭も よくて かわいいです。
・あの店は 味(あじ)も まずくて きたないです。
・この アパートは 部屋(へや)も 広くて 明るいです。

Nは いA-く ありません。

・デザインは 新しく ありません。
・それは 高く ありません。
・私の部屋は 広く ありません。
・あの店は きたなく ありません。

いA-Nが いAです。

・高い山が 多いです。
・赤いキムチが おいしいです。
・明るい部屋が いいです。
・おいしい店が 少ないです。

お正月

일본에는 양력설만 있으며 제사를 지내거나 세배하는 풍습은 없다. 가족이 한자리에 모여 식사를 하며 새해인사를 나눈다. 소나무와 대나무 등으로 만든 신년장식인 「가도마쓰(門松)」를 집 현관 양측에 세우며, 일본식 떡국인 「오조니(お雑煮)」와 설날음식인 「오세치(おせち)」를 먹고, 「오토소(お屠蘇)」라는 술을 마신다. 또한 아이들은 부모와 친척들로부터 세뱃돈인 「오토시다마(お年玉)」를 받는데, 특별한 봉투에 넣어서 준다.

남자아이들은 연날리기나 팽이치기를 하고, 여자 아이들은 소매가 긴 기모노를 입고 배드민턴과 유사한 전통놀이인 「하네쓰키(羽根つき)」를 한다. 또한 실내에서 하는 카드놀이 「가루타토리(カルタ取り)」 등도 한다.

5 好きな季節

Unit

山本　昨日は 寒かったのに、今日は 暖かいですね。

李　そうですね、もう 春ですね。日本の春は どうですか。

山本　風は 強いですが、暖かいです。私は 四季の中で 春が 一番 好きです。

李さんは どの季節が 好きですか。

李　一番 好きな 季節は 冬です。空気は 冷たくて 寒いですが、気持ちが いいです。春は あまり 好きではありません。

山本　姜さんは。

姜　私は 秋です。子供の 時は 冬が 好きだったけど 今は 秋が 好きです。特に 紅葉が きれいで 大好きです。

教室(きょうしつ) 교실	前(まえ) 앞
昨日(きのう) 어제	今日(きょう) 오늘
もう 이제, 벌써	風(かぜ) 바람
強(つよ)い 강하다	～が、～인데, 이지만
四季(しき) 사계(절)	中(なか) 안(중), 가운데
一番(いちばん) 가장	好(す)きだ 좋아하다
どの 어느	冷(つめ)たい 차갑다
気持(きも)ち 기분	あまり 그다지(～하지 않다)
秋(あき) 가을	子(こ)ども 아이
時(とき) 때	今(いま) 지금
特(とく)に 특히	紅葉(もみじ) 단풍
大好(だいす)き 매우 좋아하다	

****

父(ちち) 아빠, 아버지	たくあん 단무지
きらい 싫어하다	料理(りょうり) 요리
きれい 예쁘다, 깨끗하다	有名(ゆうめい) 유명하다
ハンサム 핸섬하다	上手(じょうず) 잘하다, 능숙하다
まじめ 성실하다	親切(しんせつ) 친절하다
椅子(いす) 의자	樂(らく) 편하다
便利(べんり) 편리하다	交通(こうつう) 교통
不便(ふべん) 편하다	にぎやか 번화하다
新鮮(しんせん) 신선하다	花(はな) 꽃
魚(さかな) 생선	果物(くだもの) 과일
りんご 사과	クラス 학급
～君(くん) ～군	飲(の)み物(もの) 마실 것
コーラ 콜라	

1 　な形容詞

① 일본어 な形容詞는 어미가 없는 형용사를 말한다. 그래서 명사와 마찬가지로 단정사 「だ」와 연결하여 시제를 표현한다. 「な形容詞 ～하다」라고 할 때 예와 같이 표현한다.

　예　きれいだ(예쁘다)　　　静かだ(조용하다)　　　好きだ(좋아하다)

　정중체는 「～だ」의 정중체인 「～です(ㅂ니다)」를 붙인다.

　예　きれいです。　　　　静かです。　　　　　好きです。

② 정중체의 부정표현 단정사 「～だ」를 「では」로 바꾸고 「ありません」을 붙인다.

　예　きれいでは ありません。　(= きれいでは ないです。)
　　　静かでは ありません。　　(= 静かでは ないです。)
　　　好きでは ありません。　　(= 好きでは ないです。)

③ 연결형 두 개 이상의 형용사를 나열할 때 「だ」의 「て」형인 「で」를 접속시킨다.

　예　彼女は きれいで ほがらかです。
　　　彼は ハンサムで 親切です。

④ 명사를 수식할 때 단정사 「～だ」를 「～な」로 바꾸고 수식한다. (현재인 경우)

　예　好きな果物は 何ですか。
　　　ここは 静かな町です。

2 형용사과거

① い形容詞 어미 「〜い」를 「〜かった」로 바꾼다.

예) 寒<u>い</u>　　⇨　　寒<u>かった</u>
新し<u>い</u>　　⇨　　新し<u>かった</u>
安<u>い</u>　　⇨　　安<u>かった</u>

② な形容詞 단정사 「〜だ」의 과거인 「〜だった」를 붙인다.

예) きれい(だ)　⇨　きれいだった
静か(だ)　⇨　静かだった
好き(だ)　⇨　好きだった

3 のに

우리말의 「〜인데」에 해당한다. 앞·뒤의 내용이 대립관계인 「けれども」와는 달리, 기대나 예상에 반하는 사태에 직면했을 때 사용한다.

예) 昨□は 寒かったのに 今□は 暖かいです。

연결방법(현재)

명사	学生なのに	学生では ないのに
い형용사	高いのに	高く ないのに
な형용사	きれいなのに	きれいでは ないのに
동사	買うのに	買わないのに

4　もう

❶ 이미, 벌써

　　예　今からでは もう 遅いです。
　　　　もう こんな 時間ですか。

❷ 더, 더욱

　　예　もう 一つ ください。
　　　　もう 一度 お願いします。

5　あまり

문말에 부정이 오는 경우, 우리말과 같이 「그다지/별로 ~하지 않다」의미이며, 문말에 긍정이 오는 경우에는 「너무/지나치게 ~하다」의 뜻으로 쓰인다.

　　예　私の 部屋は あまり きれいでは ありません。
　　　　내 방은 그다지 깨끗하지 않습니다.

　　　　あまり たくさん 食べると おなかを こわします。
　　　　너무 많이 먹으면 배탈이 납니다.

6　Nが 好き(だ)　~를 좋아하다

きらい　　　　　싫어하다
上手　　　　　　잘하다, 능숙하다
下手　　　　　　못하다, 능숙하지 못하다

위의 な형용사들은 조사「を」 대신에「が」를 쓴다.

> 예 春が 一番 好きです。
> 彼は 日本語が 上手です。

7　こ・そ・あ・ど(2)

	こ(近称) 이	そ(中称) 그	あ(遠称) 저	ど(不定称) 어느
状態	こう 이렇게	そう 그렇게	ああ 저렇게	どう 어떻게
	こんな 이런	そんな 그런	あんな 저런	どんな 어떤

8　～と～と　　どちらが　　～ですか。
　　～와 ～와　어느 쪽이　～합니까.

> 예 地下鉄と バスと どちらが 便利ですか。
> テニスと サッカーと どちらが 好きですか。

～の方(ほう)が ～より ～です。～쪽이 ～보다　～합니다.

> 예 地下鉄のほうが バスより 便利です。
> サッカーのほうが テニスより 好きです。

～の中で 何が 一番 ～ですか。～중에서 무엇이 가장 ～합니까.

> 예 飲み物の中で 何が 一番 好きですか。
> コーラが 一番 好きです
> 果物の中で 何が 一番 きらいですか。
> すいかが 一番 きらいです。

❶ 「なに」「が・を・も」 등의 조사 앞에서 발음된다.

　　예　何が・何を・何も…

❷ 「なん」 た・だ・な行 앞에서 발음된다.

　　예　これは 何ですか。
　　　　これは 何の 本ですか。
　　　　これは 何と 言いますか。

Nは Nが なAです。

- 私は 日本語が 好きです。
- 父は たくあんが きらいです。
- 彼女は 料理が 上手です。
- 山田さんは 英語が 下手です。

Nは あまり なAでは ありません。

- 彼女は あまり きれいでは ありません。
- 山本さんは あまり 有名では ありません。
- 彼は あまり ハンサムでは ありません。
- 料理は あまり 上手では ありません。

Nは なAで なAです。

- 先生は きれいで 穏やかです。
- 彼は まじめで 親切です。
- この 椅子は 楽で 便利です。
- 交通は 不便で にぎやかです。

なA-Nです。

- 有名な 大学です。
- きれいな 花です。
- 新鮮な 魚です。
- まじめな 学生です。

- 四季の 中で 冬が 一番 好きです。
- くだものの 中で りんごが 一番 きらいです。
- このクラスの 中で 山田君が 一番 まじめです。
- 飲み物の 中で コーラーが 一番 好きです。

初もうで

1월 1일은 元旦이라고 하여 옛날부터 여러 가지 행사가 행해졌다. 初もうで도 그 중 하나인데, 제야의 종소리에 맞추어 집을 나서기도 하고, 초하루의 이른 아침부터 출발하기도 한다. 원래는 자신의 집 근처의 신사(神社)나 절에서 참배를 했으나, 최근에는 유명한 신사나 절에서 初もうで를 하는 사람들이 많아졌다. 그 때문에 12월 31일에는 밤새도록 전철이 운행되는 곳도 있다. 初もうで는 헤이안시대로부터 전해 내려오는 풍습으로 1년 동안의 자신의 소원을 비는 뜻이 담겨져 있다.

全部で3万ウォン

李　　山本さん、プサン旅行は どうでしたか。

山本　プサンは 初めてでしたが、とても おもしろかったです。
意外に ヘウンデに 人が おおぜい いました。景色も いいし、食べ
物も おいしかったです。

李　　そうですか。それは よかったですね。

何が 一番 おいしかったですか。

山本　刺身です。海が 近いですから、新鮮で 高く なかったです。

李　　いくらだったんですか。

山本　私たちは 4人でしたが、全部で 3万ウォンでした。

姜　　え？ 3万ウォン？ やっぱり プサンですね。このごろ、飛行機の予約
　　　が 大変ですが、どうでしたか。

山本　いえ、それほど 大変では ありませんでした。

旅行(りょこう) 여행	帰(かえ)って 돌아와서
プサン 부산	初(はじ)めて 처음, 처음으로
とても 매우	おもしろい 재미있다
意外(いがい)に 의외로	ヘウンデ 해운대
～に (장소)에	人(ひと) 사람
おおぜい 많은 사람, 여럿	いました 있었습니다
景色(けしき) 경치	～し ～고, 인데
食(た)べ物(もの) 먹을 것	よかったです 좋았습니다, 잘됐네요
何(なに) 무엇	刺身(さしみ) 회
海(うみ) 바다	近(ちか)い 가깝다
～から ～ 때문에	いくら 얼마
私(わたし)たち 우리	4人(よにん) 네명
全部(ぜんぶ) 전부	3万(まん) 3만
～でした ～였습니다	このごろ 요즈음
飛行機(ひこうき) 비행기	予約(よやく) 예약
やっぱり 역시	大変(たいへん)だ 힘들다
それほど 그다지	

****

食堂(しょくどう) 식당	水(みず) 물
いるか 돌고래	あそこ 저기
いぬ 개	お金(かね) 돈
時間(じかん) 시간	会社(かいしゃ) 회사
会議室(かいぎしつ) 회의실	社員(しゃいん) 사원
能力(のうりょく) 능력	遅(おそ)い 늦다
こと 일, 사항	そろそろ 슬슬, 이제 슬슬
失礼(しつれい) 실례	いたします 합니다

1 名詞서술

보통체긍정	보통체부정	정중체긍정	정중체부정
学生だ	学生では ない	学生です	学生では ありません

보통긍정과거	보통부정과거	정중긍정과거	정중부정과거
学生だった	学生では なかった	学生でした	学生では ありませんでした

2 形容詞서술

❶ い형용사

보통체긍정	보통체부정	정중체긍정	정중체부정
おいしい	おいしく ない	おいしいです	おいしく ありません

보통긍정과거	보통부정과거	정중긍정과거	정중부정과거
おいしかった	おいしく なかった	おいしかったです	おいしく ありませんでした

❷ な형용사

보통체긍정	보통체부정	정중체긍정	정중체부정
大変だ	大変では ない	大変です	大変では ありません

보통긍정과거	보통부정과거	정중긍정과거	정중부정과거
大変だった	大変では なかった	大変でした	大変では ありませんでした

「に」는 우리말의「에」에 해당하는 조사이고, 존재·장소를 나타낸다.「います」는 存在를 나타내는 동사로 생물(사람, 동물)의 경우 사용한다. 기본형은「いる」이며, 부정형은「いません」(없습니다)이다.

> 예　教室に 学生が います。　　教室に 学生は いません。
> 　　ここに 猫が います。　　　ここに 猫は いません。

4　助詞

❶ **し** : 두 가지 이상의 글을 추가적으로 나열하는 경우 사용한다. 前文만으로 충분하지만 그것에 더하는 역할을 한다. 따라서 세문장 이상을 열거할 수 있다. 그에 반해「て」는 단순히 매듭을 잇는 연결역할을 한다.

> 예　この店の 料理は 安くて おいしいです。
> 　　この店は 値段も 安いですし、料理も おいしいです。
> 　　あの人は きれいで 背が 高いです。
> 　　あの人は 顔も きれいだし、背も 高いです。

❷ **から** : 이유·원인을 나타내는 조사로 종결형 즉 문장과 문장사이에 연결된다.「～하니까·～하기 때문에」라는 뜻이며 주관적 느낌이 강해 명령, 의지, 추측, 의뢰표현에 연결된다.

> 예　この頃 毎日 いい 天気だから 気持が いいです。
> 　　暗いから 電気を つけて ください。

5　何人(なんにん)

一人	二人	三人	四人	五人
ひとり	ふたり	さんにん	よにん	ごにん

六人	七人	八人	九人	十人
ろくにん	しちにん(ななにん)	はちにん	きゅうにん	じゅうにん

6　数 詞

		十	百	千	万
1	いち	じゅう	ひゃく (いっぴゃく)	せん (いっせん)	いちまん
2	に	にじゅう	にひゃく	にせん	にまん
3	さん	さんじゅう	さんびゃく	さんぜん	さんまん
4	し・よん	よんじゅう	よんひゃく	よんせん	よんまん
5	ご	ごじゅう	ごひゃく	ごせん	ごまん
6	ろく	ろくじゅう	ろっぴゃく	ろくせん	ろくまん
7	しち・なな	ななじゅう	ななひゃく	ななせん	ななまん
8	はち	はちじゅう	はっぴゃく	はっせん	はちまん
9	く・きゅう	きゅうじゅう	きゅうひゃく	きゅうせん	きゅうまん
10	じゅう	ひゃく	せん	いちまん	じゅうまん

場所に Nが います

- 教室に 山田さんが います。
- 食堂に 金さんが います。
- 水の中に いるかが います。
- あそこに いぬが います。

Nは(も)… し、…

- お金も あるし、時間も あります。
- この会社には 会議室も ないし、社員食堂も ありません。
- 彼女は きれいだし、能力も あります。
- もう 時間も 遅いことですし、そろそろ 失礼いたします。

	보통체긍정	보통체부정	정중체긍정	정중체부정
명사	花だ	花では ない	花です	花では ありません
い형용사	高い	高く ない	高いです	高く ありません
	新しい	新しく ない	新しいです	新しく ありません
な형용사	きれいだ	きれいでは ない	きれいです	きれいでは ありません
	好きだ	好きでは ない	好きです	好きでは ありません

	보통긍정과거	보통부정과거	정중긍정과거	정중부정과거
명사	花だった	花では なかった	花でした	花では ありませんでした
い형용사	高かった	高く なかった	高かったです	高く ありませんでした
	新しかった	新しく なかった	新しかったです	新しく ありませんでした
な형용사	きれいだった	きれいではなかった	きれいでした	きれいではありませんでした
	好きだった	好きでは なかった	好きでした	好きでは ありませんでした

どこにありますか

Unit 7

李	すみません。ジュンコーヒーショップは どこに ありますか。
お巡りさん	ええと この道の 右側に 駅が あります。 その 駅の 近くに ありますよ。
李	駅の すぐ となりですか。
お巡りさん	いいえ、その 駅の 右側には 映画館が あります。 その 映画館の となりに あります。
李	映画館の となりですね。 はい、わかりました。 どうも、ありがとうございました。
お巡りさん	いいえ、どういたしまして。

李 いったい 駅は どこに あるのかしら。(独り言)

　　　すみません、駅は どこですか。

通行人 この 道を 左に 曲がれば すぐ ありますよ。

お巡り(おまわり)さん　순경	コーヒーショップ　커피숍
どこ　어디	〜に　(장소)에
道(みち)　길	右側(みぎがわ)　오른편
駅(えき)　역	近(ちか)く　근처
すぐ　곧	となり　옆, 곁
映画館(えいがかん)　영화관	わかりました　알겠습니다
どうも　매우, 정말	ありがとう ございます　감사합니다
どう いたしまして　천만에요	いったい　대체, 대관절
ある　(무생물)있다	〜かしら　인가(여성어)
独(ひと)り言(ごと)　혼잣말	すみません　미안합니다, 여보세요
左(ひだり)　왼쪽	曲(ま)がれば　돌면

****

ここ　여기	時計(とけい)　시계
スーパー　슈퍼	ラーメン　라면
机(つくえ)　책상	玄関(げんかん)　현관
かぎ　열쇠	

1 ~に あります

존재를 나타내는 말 「있습니다」는 일본어에서 「あります」「います」 두 가지가 있다. 「あります」는 「ある」의 정중한 표현으로 무생물이거나 움직임이 없는 경우에 쓰인다. (います는 Unit 6 참조) 부정은 「ありません」(없습니다)이다.

> 예 ポケットの 中に お金が あります。
> 　　 教室に いすが いつつ あります。

위치를 나타내는 명사나 장소 뒤에 조사 「に」가 오면 ある、いる 같은 존재표현동사나, 住む 와 같은 정적인 동사가 온다.
※ 가공의 인물, 가족관계, 단위나 수치인 경우에도 쓰인다.

> 예 私には 子供が あります。
> 　　 昔々 ある 所に おじいさんと おばあさんが ありました。
> 　　 私、体重が 70キロも あります。

2 位置

上・下・中・前・後ろ・右・左・間・そば・横・隣・向こう・近く

うえ(上) 위

した(下) 아래

なか(中) 안

後ろ 뒤

前 앞

間 사이, 중간

	こ 이	そ 그	あ 저	ど 어느
場所	ここ	そこ	あそこ	どこ
方向	こちら	そちら	あちら	どちら

4   かしら

문장 끝에 붙는 終조사로 여성어이다. 구체화되어 있지 않은 사실을 말하거나 추측을 할 때, 자기 혼자 말하거나 타인을 의식하면서 하는 표현이다.

예 これ、だれの 傘かしら。
     あら、雨かしら。

5   조사 と・や

여러 개를 나열할 때 그 중 몇 개만을 골라서 나열하는 경우「～や ～や ～など」를 사용한다. 열거를 나타내는「や」는 한번이나 두 번 이상 사용해도 된다. 이에 비해「と」는 있는 그대로 모두 나열하는 경우에 쓰이고「など」를 함께 쓰면 절대 안 된다.

예 机の上に 電話や ペンや 辞書などが あります。
     机の上に 電話と 本と ペンと 辞書と はさみが あります。

6　지도보고 말하기

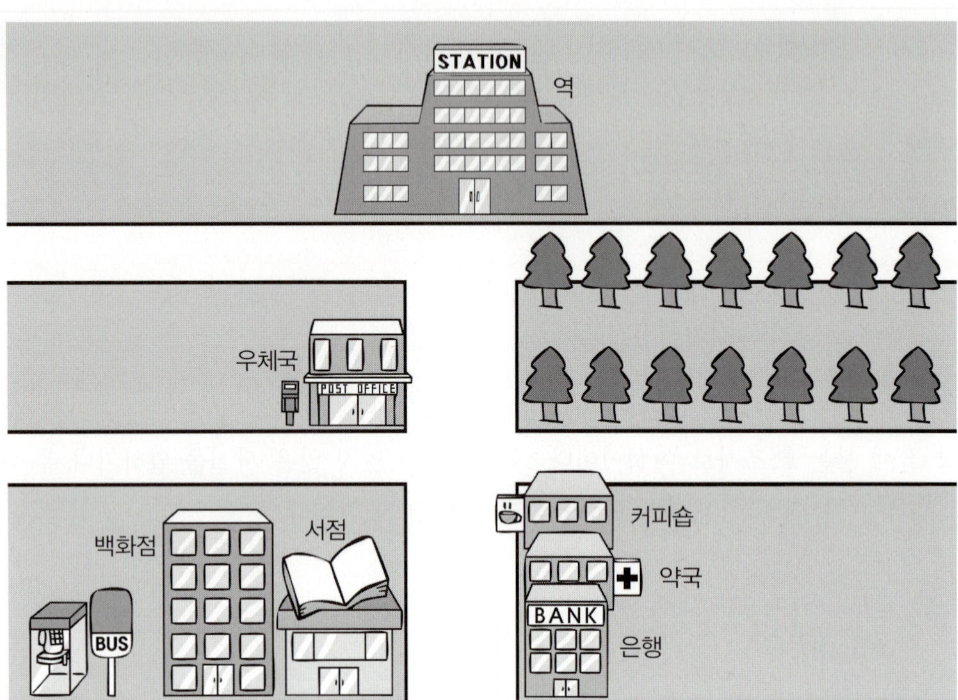

7　位置名詞に～います、～あります

木の上に　鳥が　います。

ベンチの上に　新聞が　あります。

タクシーの後ろに　バスが　あります。

本屋の　隣に　デパートが　あります。

デパートの　前に　バス停が　あります。

郵便局は　駅の　そばに　あります。

コーヒーショップと　銀行の　間に　薬屋が　あります。

鏡もち

예로부터 쌀 농사가 중심이었던 일본에서는 매년 정월 초에 쌀로 鏡もち를 만들어 그 해의 풍작을 기원한다. 떡에는 쌀神이 머문다고 생각하여 떡을 神의 상징이라고 여기는데, 떡 윗부분은 다시마, 꼬치에 끼운 감, 등자 나무로 장식한다. 지방에 따라서는 새우를 장식하기도 한다. 또한 1월 11일에는 그 떡을 둥글게 빚어 단팥죽으로 만들어 먹는다.

8 Unit

レポートを 書きました

尹　　　　山本さん、あの コーヒーショップで 何か 飲みませんか。

山本　　　いいですよ。コーヒーを 飲みながら 話でも しましょう

コーヒーショップで

ウエーター　いらっしゃいませ。何に なさいますか。

尹　　　　コーヒーください。山本さんは。

山本　　　私も コーヒーに します。ケーキも 食べましょうか。

尹　　　　そうしましょう。ケーキも お願いします。
　　　　　今朝 どうして 遅刻しましたか。

山本　　　昨日は 図書館で 夜 おそくまで レポートを 書きました。
　　　　　それで 朝 おそく 起きました。朝ごはんも 食べませんでした。

尹　　　　じゃあ、おなかがす
　　　　　いたでしょう。

山本	サンドイッチも ほしいですけど、だいじょうぶかな。
	映画(えいが)は 四時(よじ)からでしたね。
尹	頼(たの)みましょう。まだ 時間 ありますよ。
ウエーター	お待(ま)たせしました。どうぞ、ごゆっくり。
山本	わあ 本当(ほんとう)に おいしそう。

주요어구

何(なに)か 무언가	飲(の)む 마시다
～ながら ～하면서	話(はなし) 이야기
～でも ～라도	する 하다
ウエーター 웨이터	いらっしゃいませ 어서 오세요
何に なさいますか 무엇으로 하시겠습니까	コーヒー 커피
ください 주세요	～に します ～으로 합니다(하겠습니다)
ケーキ 케이크	お願いします 부탁드립니다
今朝(けさ) 오늘아침	遅刻(ちこく) 지각
図書館(としょかん) 도서관	夜(よる) 밤
おそく 늦게	～まで ～까지
起(お)きる 일어나다	朝(あさ)ご飯(はん) 아침밥
食(た)べる 먹다	～ので ～때문에
お腹(なか) 배	とても 매우
すく 비다	お腹が すく 배가 고프다
それで 그래서	頼(たの)む 부탁하다
サンドイッチ 샌드위치	ほしい 원하다
だいじょうぶだ 괜찮다	～かしら ～인가
映画(えいが) 영화	四時(よじ) 네시
～から ～부터, 에서(기점)	まだ 아직
時間(じかん) 시간	お待たせしました 오래 기다리셨습니다
どうぞ 부디, 제발	ごゆっくり 천천히, 맛있게 드세요
本当(ほんとう)に 정말로	おいしそうだ 맛있을 것 같다

1 動詞

일본어동사의 어미는 각 行의 ウ段(う・く・ぐ・す・つ・ぬ・ぶ・む・る)으로 끝나고 이것을 기본형이라고 한다. 일본어동사는 그 활용 형태에 따라 크게 아래와 같이 나뉜다.

❶ 동사의 종류

① 5단동사 ⇨ ㉠ る로 끝나지 않는 경우
　　　　　　　㉡ る로 끝나고 그 앞의 음이 「あ・う・お段」인 경우

　　　　　　　例 会う, 行く, 泳ぐ, 話す, 待つ, 死ぬ, 遊ぶ, 読む, 作る

② 上1단동사 ⇨ る로 끝나고 그 앞의 음이 「い段」인 것

　　　　　　　例 見る 起きる

③ 下1단동사 ⇨ る로 끝나고 그 앞의 음이 「え段」인 것

　　　　　　　例 食べる 寝る

④ 불규칙동사 ⇨ 来る(오다)　する(하다)

①을 1형동사, ②, ③을 합쳐서 2형동사라고도 한다. 이 책에선 1형동사 2형동사라고 통일한다.

❷ 동사 정중체

동사종류에 따라 활용시키고 「～ます」를 붙인다. 정중표현뿐만이 아니라 미래 의지표현도 나타낸다. (～ㅂ니다/～하겠습니다) 부정형은 「～ません」이다.

| ① 1형동사 | ⇨ 어미 う단를 い단으로 바꾸고 ます를 붙인다. |

<예> 読む → 読み + ます → 読みます

| ② 2형동사 | ⇨ 어미 る를 없애고 어간에 ます를 붙인다. |

<예> 起きる + ます → 起きます
<예> 食べる + ます → 食べます

| ③ 불규칙동사 | ⇨ する→ します　来る→ 来(き)ます |

※ 참고

동사활용형 중 ます가 붙을 수 있는 활용형을 ます形(연용형)라고 한다.

❸ 동사정중형의 과거·과거부정

정중과거는「〜ました」(〜ㅆ습니다), 과거부정은「〜ませんでした」(〜지 않았습니다)이며,「〜ます」자리 대신에 접속하면 된다.

行く	見る	食べる	する	来る
行きます	見ます	食べます	します	きます
行きません	見ません	食べません	しません	きません
行きました	見ました	食べました	しました	きました
行きませんでした	見ませんでした	食べませんでした	しませんでした	きませんでした

❹ 〜ましょう　〜합시다/하지요

상대방에게 뭔가 권유하거나 자신의 의지를 나타낼 때 쓰인다.

<예> おなかが すきませんか。パンでも 食べましょう。
　　　久しぶりに おしゃべりでも しましょう。

これは 私が やりましょう。

⑤ 連体形 명사를 수식할 때 원형 그대로 수식한다.

> **예** バイトの ある日は いつも 遅いです。
> 朝ごはんを 食べる 前に 新聞を 読みます。

2 助詞

① ～から ～まで
시간, 장소에 연결되어 '언제부터 언제까지' '어디에서 어디까지'의 의미로 쓰여진다.
～(에서)부터 ～까지

> **예** 授業は 1時から 3時までです。
> ソウルから 釜山まで 貴社で 五時間ぐらい かかります。
> 宿題は 1課から 5課までです。

② で ～로(수단/도구)

> **예** 赤いペンで 書きます。
> この カメラで 写真を 撮ります。
> これからは 日本語で 話しましょう。

③ ので 이유·원인의 から와 같은 뜻으로 연체형에 접속한다.

명사	学生なのに	学生では(じゃ) ないのに
い형용사	むずかしいので	むずかしく ないので
な형용사	重要なので	重要では(じゃ) ないので
동사	読むので	読まないので

4 か

① ～인가(의문사 + か) 불확실한 상태를 나타내고 그 有無를 묻는다.

    (ㄱ) 部屋の 中に だれか いますか → はい、います。
    (ㄴ) 部屋の 中に だれが いますか → 田中さんが います。

(ㄱ) 문장은 불확실한 상태를 나타내고 있어 즉, 누가 있는지 없는지를 물어보는 경우이다. 따라서 의문사 + か의 질문에서는 はい나 いいえ가 있어야 한다.
(ㄴ)은 누가 있다는 전제가 있는 경우로 이름으로 대답한다.

    (ㄷ) 部屋の 中に だれか いますか ⇨ いいえ、(だれも) いません。

(ㄷ)은 아무도 없다는 대답이므로 だれが いますか 문장은 올 수 없다.

    (ㄹ) なにか ありますか ⇨ はい、あります
                     いいえ、なにも ありません。

② ～인지(선택)

    예 あれか これか よく わかりません。

5 Vながら ～하면서 동시동작을 나타낸다. (Vます形 + ながら)

    예 コーヒーを 飲みながら 新聞を 読みます。
      テレビを 見ながら 勉強します。

명사	これに します アイスクリームに します	이것으로 하겠습니다 아이스크림으로 하겠습니다
い형용사	寒いので 温度を 高く します	추우니까 온도를 높이겠습니다
な형용사	部屋を きれいに します	방을 깨끗하게 하겠습니다
동사	行くことに します 明日 会うことに します	가기로 하겠습니다 내일 만나기로 하겠습니다

(cf) ～に なる　～가 되다(변화)

명사	弟は 大学生に なりました 明るい 部屋に なりました	남동생은 대학생이 되었습니다. 밝은 방이 되었습니다
い형용사	温度が 高く なりました	온도가 높아졌습니다
な형용사	部屋が きれいに なりました 交通が 便利に なりました	방이 깨끗하게 되었습니다 교통이 편리하게 되었습니다
동사	行くことに なりました 明日 会うことに なりました	가기로 되었습니다 내일 만나기로 되었습니다

4　Nが ほしい　～를 갖고 싶다. 원한다

화자나 상대방의 희망 등을 나타낸다. 대상 뒤에는 조사 「が」가 접속된다.

예　のどが かわきました。水(みず)が ほしいです。
　　ガールフレンドが ほしいですか。
　　最新型(さいしんがた)の 携帯電話(けいたいでんわ)が ほしいです。

例 私は 毎晩 おそく 寝ます。　　　　おそい ⇨ おそく(늦게)
今朝 早く 起きました。　　　　　早い ⇨ 早く(빨리, 일찍)
田中さんは 有名に なりました。　有名 ⇨ 有名に(유명하게)
静かに 走り出しました。　　　　　静か ⇨ 静かに(조용히)

6 　時・分

一時	いちじ		二時	にじ		三時	さんじ
四時	よじ		五時	ごじ		六時	ろくじ
七時	しちじ		八時	はちじ		九時	くじ
十時	じゅうじ					何時	なんじ

一分	いっぷん		二分	にふん		三分	さんぷん
四分	よんぷん		五分	ごふん		六分	ろっぷん
七分	ななふん		八分	はっぷん		九分	きゅうふん
十分	じゅっぷん じっぷん					何分	なんぷん

一月	いちがつ	二月	にがつ	三月	さんがつ
四月	しがつ	五月	ごがつ	六月	ろくがつ
七月	しちがつ	八月	はちがつ	九月	くがつ
十月	じゅうがつ	十一月	じゅういちがつ	十二月	じゅうにがつ
何月	なんがつ				

一日	ついたち	十一日	じゅういちにち	二十一日	にじゅういちにち
二日	ふつか	十二日	じゅうににち	二十二日	にじゅうににち
三日	みっか	十三日	じゅうさんにち	二十三日	にじゅうさんにち
四日	よっか	十四日	じゅうよっか	二十四日	にじゅうよっか
五日	いつか	十五日	じゅうごにち	二十五日	にじゅうごにち
六日	むいか	十六日	じゅうろくにち	二十六日	にじゅうろくにち
七日	なのか	十七日	じゅうしちにち	二十七日	にじゅうしちにち
八日	ようか	十八日	じゅうはちにち	二十八日	にじゅうはちにち
九日	ここのか	十九日	じゅうくにち	二十九日	にじゅうくにち
十日	とおか	二十日	はつか	三十日	さんじゅうにち

月曜日	げつようび	火曜日	かようび	水曜日	すいようび
木曜日	もくようび	金曜日	きんようび	土曜日	どようび
日曜日	にちようび			何曜日	なんようび

8　時制

一昨日	おととい	先々週	せんせんしゅう	先々月	せんせんげつ
昨日	きのう	先週	せんしゅう	先月	せんげつ
今日	きょう	今週	こんしゅう	今月	こんげつ
明日	あした	来週	らいしゅう	来月	らいげつ
明後日	あさって	再来週	さらいしゅう	再来月	さらいげつ

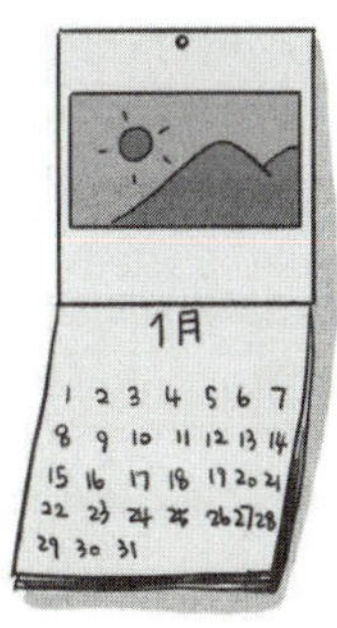

Unit 9　学校が終わって

田中　鈴木さん、今日　学校が　終わってから　どこか　行きますか。

鈴木　ええ、友だちに　会いに　行きます。

　　　でも　友だちに　会う　前に　本を　返しに　図書館に　行きます。

　　　田中さんは。

田中　私は　まっすぐ　家に　帰ります。家に　帰って　母と　いっしょに　デパートへ　行って　プレゼントを　買うつもりです。

　　　実は　今日は　父の　誕生日です。

鈴木　じゃ、お客さんも　たくさん　いらっしゃいますか。

田中　いいえ、今日は　家族四人だけで　お祝いします。

　　　夕食を　食べてから　カラオケボックスに　いきます。

　　　父が　歌うのが　すきで、

　　　何か　あると　いつも　カ

　　　ラオケボックスに

　　　行って　歌いたがりま

　　　す。

田中(たなか) (인명) 타나까	鈴木(すずき) (인명) 스즈끼	今日(きょう) 오늘
終(お)わる 끝나다	～てから ～하고 나서	どこ 어디
行(い)く 가다	友(とも)だち 친구	会(あ)う 만나다
～に 行(い)く ～하러 가다	でも 하지만, 그래도	～前(まえ)に ～(하기)전에
本(ほん) 책	返(かえ)す 돌려주다	図書館(としょかん) 도서관
まっすぐ 곧장	帰(かえ)る 돌아가(오)다	～と いっしょに ～와 함께
デパート 백화점	～へ ～에(로)	プレゼント 프레젠트, 선물
買(か)う 사다	つもり 생각, 작정	実(じつ)は 실은
誕生日(たんじょうび) 생일	じゃ 그럼	お客(きゃく)さん 손님
たくさん 많이	いらっしゃる 오시다, 가시다, 계시다	
家族(かぞく) 가족	～だけで ～만으로	お祝(いわ)いします 축하드립니다
夕食(ゆうしょく) 저녁식사	食(た)べる 먹다	カラオケボックス 노래방
父(ちち) 아빠(아버지)	歌(うた)う 노래하다	好(す)きだ 좋아하다
何(なに)か 무언가	～と (동사)하면	いつも 언제나
～たがる ～하고 싶어하다	歌(うた)いたがる 노래하고 싶어하다	

****

毎晩(まいばん) 매일밤	歯(は) 이, 이빨	磨(みが)く 닦다
寝(ね)る 자다	玄関(げんかん) 현관	靴(くつ) 구두
脱(ぬ)ぐ 벗다	中(なか) 안	入(はい)る 들어가다
かぎ 열쇠	かける 걸다	出(で)かける 외출하다
切手(きって) 수표	貼(は)る 붙이다	手紙(てがみ) 편지
出(だ)す 내다, 제출하다	電話(でんわ) 전화	上(あ)がる 오르다, 올라가다
子供(こども) 아이	アニメ 만화	見(み)る 보다
ステレオ 스테레오	買(か)う 사다	サリー (인명)샐리
テニス 테니스	習(なら)う 배우다	外国人(がいこくじん) 외국인
花火(はなび) 불꽃	橋(はし) 다리	渡(わた)る 건너다
右(みぎ) 오른쪽	ポスト 우편함	曲(ま)がる 돌다
教会(きょうかい) 교회	毎朝(まいあさ) 매일아침	起(お)きる 일어나다
コーヒー 커피	一杯(いっぱい) 한잔	飲(の)む 마시다
お金(かね) 돈	入(い)れる 넣다	ボタン 버튼
押(お)す 누르다	切符(きっぷ) 표	出(で)る 나오다
三月(さんがつ) 3월	半(なか)ば 중순	～に なる ～가 되다
桜(さくら) 벚꽃	咲(さ)き始(はじ)める 피기 시작하다	

1 動詞의「て」形 ～고,～서

❶ 1형동사 : ます形과는 달리 1형동사에「て・た・たり」가 접속될 때는 어미의 音便현상이 일어난다. (～す로 끝나는 경우 제외) 음편에는 어미에 따라 3종류가 있다.

① イ音便	어미가「く・ぐ」인 경우, 어미가「い」로 바뀌어 접속되며「ぐ」의 경우는「て・た・たり」가 탁음이 된다.	

> 예 書く ⇨ 書き・ます ⇨ 書い・て ⇨ 書いて ⇨ 書いた
> 　　泳ぐ ⇨ 泳ぎ・ます ⇨ 泳い・で ⇨ 泳いで ⇨ 泳いだ

② 促音便(っ)　어미가「う・つ・る」인 경우, 어미가「っ」로 바뀌어 접속된다.

> 예 会う ⇨ 会い・ます ⇨ 会っ・て ⇨ 会って ⇨ 会った
> 　　立つ ⇨ 立ち・ます ⇨ 立っ・て ⇨ 立って ⇨ 会った
> 　　作る ⇨ 作り・ます ⇨ 作っ・て ⇨ 作って ⇨ 会った

③ 撥音便(ん)　어미가「ぬ・む・ぶ」인 경우「ん」로 바뀌어 접속되고「て・た・たり」가 탁음이 된다.

> 예 死ぬ ⇨ 死に・ます ⇨ 死ん・で ⇨ 死んで ⇨ 死んだ
> 　　飲む ⇨ 飲み・ます ⇨ 飲ん・で ⇨ 飲んで ⇨ 飲んだ
> 　　遊ぶ ⇨ 遊び・ます ⇨ 遊ん・で ⇨ 遊んで ⇨ 遊んだ

❷ 2형동사 : 어미「る」를 없애고 어간에「て」를 붙인다.

> 예 見る　 ⇨ 見・ます　 ⇨ 見・て　 ⇨ 見て
> 　　食べる ⇨ 食べ・ます ⇨ 食べ・て ⇨ 食べて

❸ 불규칙동사 する・来る는 ます形과 같다.

> 예 する ⇨ し・ます ⇨ し・て ⇨ して
> 　　来る ⇨ 来・ます ⇨ 来・て ⇨ 来て

2	N(動作性) V(ます形)	＋	に (目的) ～하러

목적을 나타내는「に」뒤에「行く・来る・帰る・出かける」와 같은 이동동사나 동작명사가 오면 '～하러 가다(오다, 돌아오다 등)'의 의미가 된다.

> 예) 食事(동작명사)に 行きます。
>   ⇨ 식사하러 갑니다.
>   (買い(ます形) ＋ に ＋ 来る) CDを 買いに 来ました。
>   ⇨ CD를 사러 갑니다.
>   (食べ(ます形) ＋ に ＋ 行く) 学生食堂へ 昼食を 食べに 行きます。
>   ⇨ 학생식당에 점심을 먹으러 갑니다.

3	つもり ～(할)작정・예정・생각

동사기본형에 접속되어, 아직 확정된 것은 아니지만 어떻게 할 것이다 라고 생각하고 있을 때 쓰인다. 확정된 경우는「予定」(よてい)를 사용한다.

> 예) 明日 行く つもりです。
>   夏休みに アルバイトをするつもりです。
>   今日は 田中先生が 講演する 予定です。

4	V-てから (동작의 순서) ～하고 나서

> 예) お風呂に 入ってから ビールを 一杯 飲みました。
>   歯を みがいてから 寝なさい。

5   V-る ＋ 前に　～하기 전에

前に 앞에는 동사의 기본형이 온다.

> 예 彼が 部屋に 戻る 前に 彼女が 帰りました。
> 暗くなる 前に 帰って 来なさい。

6   V(ます形) ＋ たがる 제3자의 희망을 나타낸다. ～하고 싶어하다.

> 예 金さんは 日本との サッカーの 試合を 見たがります。
> 兄は 歌手に なりたがります。

7   助詞 (장소를 나타내는 조사)

へ	방향을 강조해서 나타내는 조사로 「～에(로)」이고, 「e」로 발음한다. 예 朝 早く 学校へ 行きます。 こちらへ どうぞ。
に	도착지나 존재지점을 강조해서 나타낼 때 쓰인다. 예 朝 早く 学校に 行きます。 母は 文化センターに います。

8   だけ ～뿐・만

> 예 私が 愛しているのは あなただけです。
> 四人だけで 遊びました。

9 V-ると (조건)~하면

前文과 後文이 継起関係에 있는 경우, 앞의 결과가 반드시 뒤의 사항이 된다 라는 관계를
나타낸다. 「前文 (반드시) 後文」의 의미이다.

> 예 窓を 開けると、冷たい風が 入って きます。
>   私は お酒を 少しでも 飲むと、顔が 赤く なります。

10 家族呼称

일본에서는 나이와는 상관없이 자기가족을 남에게 말할 때 존칭어를 사용하지 않는다. 또한
남의 가족의 말을 할 때에도 나이와는 상관없이 존칭어를 사용한다.

	남의 가족(높임)	자기가족(낮춤)
할아버지	おじいさん	祖父(そふ)
할머니	おばあさん	祖母(そぼ)
아버지	お父(とう)さん	父(ちち)
어머니	お母(かあ)さん	母(はは)
아저씨(백부, 숙부, 삼촌)	おじさん	おじ
아줌마(고모, 이모, 숙모)	おばさん	おば
형, 오빠	お兄(にい)さん	兄(あに)
누나, 언니	お姉(ねえ)さん	姉(あね)
남동생	弟(おとうと)さん	弟(おとうと)
여동생	妹(いもうと)さん	妹(いもうと)
형제	ご兄弟(きょうだい)	兄弟(きょうだい)

V-てから

・毎晩 歯を 磨いてから ねます
・玄関で 靴を 脱いでから 中へ 入ります。
・かぎを かけてから 出かけます。
・切手を 貼ってから 手紙を 出します。
・電話を してから 友だちの 家へ 行きます。

V-る前に

・毎晩 寝る前に 歯を 磨きます。
・うちへ 上がる前に 玄関で 靴を 脱ぎます。
・出かける前に かぎを かけます。
・手紙を 出す前に 切手を 貼ります。
・友だちの 家へ 行く前に 電話を します。

V(ます形)たがる

・子供は アニメを 見たがります。
・山本さんは ステレオを 買いたがります。
・サリーさんは テニスを 習いたがります。
・子供は アイスクリームを 食べたがります。
・外国人は 日本の花火を 見たがります。

・橋を 渡ると 右に ポストが あります。
・右へ 曲がると教会会が あります。
・毎朝 起きると コーヒーを 一杯 飲みます。
・お金を 入れて ボタンを 押すと 切符が 出て きます。
・三月の 半ばに なると、桜が 咲き始めます。

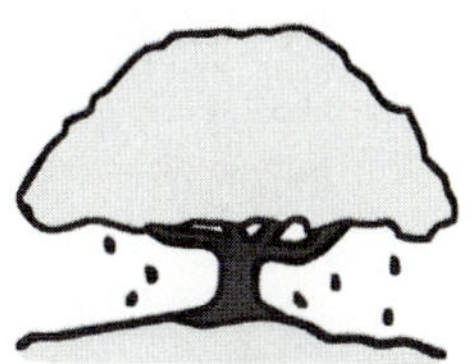

10 Unit

ジュースを飲んでいる

山本さんが高校時代（こうこうじだい）の写真（しゃしん）を見ている

姜　　山本さん。何を見ているんですか。

山本　ああ、姜さん。高校時代の写真を　見ているんです。

姜　　高校時代のですか。私にも見せてください。

山本　恥（は）ずかしいから　見ないで　ください。

姜　　見せてくださいよ。どれが　山本さんですか。

山本　これです。窓際（まどぎわ）で　ジュースを　飲んでいるのが　私です。

姜　　かわいいですね。じゃ、隣（となり）の赤い帽子（ぼうし）を　かぶって、サングラスを
　　　かけて　いる　人は　だれですか。

山本　妹（いもうと）です。そのサングラス　私のですよ。妹は　いつも　目立（めだ）ちたが
　　　ります。

姜　　そうですか。妹さんも　きれいな
　　　方ですね。
　　　妹さんに　会ってみたいです。今（こん）
　　　度（ど）　紹介（しょうかい）して　ください。
　　　妹さんの　後（うし）ろに　立っている　方（かた）
　　　は　山本さんの　お父さんですか。

山本　　　はい、父です。そして 着物（きもの）を 着ているのが 母（はは）です。

高校時代(こうこうじだい) 고교시절	写真(しゃしん) 사진
〜んです 〜인 것입니다	見(み)せる 보여주다
恥(は)ずかしい 부끄럽다	〜て ください 〜해 주세요
〜ないで ください 〜하지 말아 주세요	どの人(ひと) 어느 사람
あのう 저기, 저	窓際(まどぎわ) 창가
〜で (장소)에서	ジュース 쥬스
かわいい 귀엽다	隣(となり) 옆, 곁
帽子(ぼうし) 모자	かぶる 쓰다
サングラス 선글라스	だれ 누구
妹(いもうと) 여동생	方(かた) 분
妹(いもうと)さん (남의) 여동생	今度(こんど) 다음번
紹介(しょうかい) 소개	後(うし)ろ 뒤
立(た)つ 서다	お父さん (남의) 아버지
着物(きもの) 옷, 일본 옷	母(はは) 엄마

****

レストラン 레스토랑	ステーキ 스테이크
カラオケ 가라오케	歌(うた) 노래
相談(そうだん) 상담	相合(あ)い傘(あいがさ)
今(いま) 지금	電気(でんき) 전기
つく 켜다	太郎(たろう) (인명) 타로우
窓(まど) 창문	しまる 닫히다
あなた 당신	眼鏡(めがね) 안경
ここ 여기	名前(なまえ) 이름
書(か)く 쓰다	ドア 문
開(あ)ける 열다	教科書(きょうかしょ) 교과서
ゴミ 쓰레기	捨(す)てる 버리다
ドライブ 드라이브	どんな 어떤
時計(とけい) 시계	持(も)つ 갖다, 지니다
スキー 스키	危険(きけん)だ 위험하다
カー・レーサー 카레이서	

1   V-ている

❶ 동작의 진행(계속동사 + ている) ～하고 있다.

동작・작용이 일정기간 계속되는 동사에「～て いる」를 연결하면 그 동작의 진행을 나타낸다.

(継続動詞 ⇨ 見る・食べる・書く・洗う・話す・降る・走る…)

> **예** 妹は 今 レポートを 書いて います。
> 二日前から ずっと 雨が 降って います。
> 父は 今 ごはんを 食べて います。

❷ 결과의 상태(순간동사 + ている) ～아(어) 있다.

동작・작용이 순간적으로 끝나버리거나 상태를 나타내는 동사에「～て いる」를 연결하면 동작의 결과로 인한 상태를 나타낸다.

(瞬間動詞→死ぬ・始まる・ぬれる・咲く・止む・入る…)

> **예** 道ばたに 犬が 死んで います。
> 田中さんは 風邪を ひいて います。
> 大学を 卒業して います。
> 財布が 落ちて います。

❸ 단순상태 ～어 있다. 단순한 상태만을 나타내는 동사는 항상「～て いる」를 취하여 상태를 나타낸다.

(単純状態動詞 ⇨ そびえる・すぐれる・似る・とがる…)

> **예** ソウルの まん中に 南山が そびえて います。
> 息子は 父に 似て います。

④ 行っている・来ている・帰っている(移動動詞 ＋ ている)　완료

　　예 夫は 出張に アメリカに 行って います。
　　　　彼は まだ 帰って いません。
　　　　山田さんは まだ 来て いませんか。

※ 着る・はく・しめる・かぶる(再帰動詞) 등은 (1)동작의 진행 (2)결과의 상태 의 두
　 가지 용법을 다 갖고 있다.

　　　예 内山さんは 今 ジーパンを 着て います。(동작의 진행)
　　　　　内山さんは 今日 すてきな ジーパンを 着て います。(결과의 상태)

※ 한동사에 自動詞, 他動詞가 모두 존재하는 경우「타동사 ＋ ている」는 동작의 진행
　 을,「자동사＋ ている」는 결과의 상태를 나타낸다. (Unit 16참조)

2　V(ます形) ＋ たい 〜하고 싶다. (希望表現)

たい는 Vます形에 연결하여 희망의 의미를 나타낸다.「〜たい」는 말하는 이 자신의 희망을
나타낼 때 쓴다.

　　예 行く　⇨ 行き ＋ たい　　　日本に 行きたいです。
　　　　食べる ⇨ 食べ ＋ たい　　　甘いものが 食べたいです。

たいは い형용사와 같은 활용을 한다.

　　예 부정　　　〜たく ない(〜たく ありません)
　　　　과거　　　〜たかった(〜たかったです)
　　　　과거부정　〜たく なかった(〜たく ありませんでした)

たがるは Vます形에 연결하여 다른 이의 희망을 나타내고 1형동사가 된다.

> 예) 飲む → 飲み + たがる →飲みたがる : 1형동사
> みんな あつくて つめたい 飲みものを 飲みたがります。
> 買う ⇨ 買い + たがる ⇨ 買いたがる : 1형동사
> 子供が 新しい ゲーム機を 買いたがって います。

3 ～んです

이유, 근거 등을 설득력 있게 설명하거나 단정, 강조하는 경우에 쓰인다. 즉 감정표현을 할 때의 표현방법이다.

> 예) 仕事も 多いし、給料も 安いんです。
> 冬は そこが スケート場に なるんです。

4 ～て ください ～해 주십시오

동사의 「～て」形에 「ください」가 접속된 형태로 의뢰, 명령을 나타낸다. 보다 정중한 표현으로는 「～て くださいませんか」가 있다.

> 예) 暗いですから 電気を つけて ください。
> 少し 待って ください。
> もう 一度 ゆっくり 話して くださいませんか。

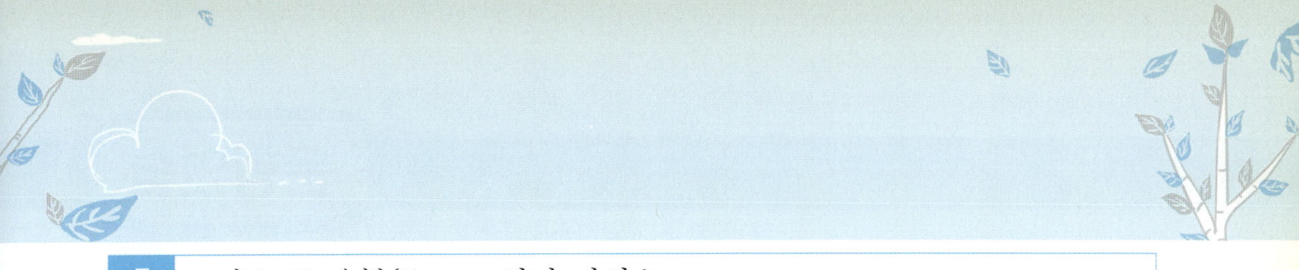

5 ～ないで ください　～하지 마시오

동사의 부정의 원형인 「ない형」에 연결한다.

> （예）この作品に　さわらないで　ください。
> ここに　車を　止めないで　ください。

6 今度

문맥에 따라 지난번·이번·다음번으로 모두 사용하고 있다.

> （예）今度の日曜日　つりに　行きませんか。
> 今度は　あなたが　書いて　ください。
> 今度の　デートは　かなり　効果が　ありました。

Vて います

・レストランで ステーキを 食べて います。
・カラオケで 歌を 歌って います。
・先生と 相談を して います。
・相合傘で 歩いています。

Vて います

・今 部屋の電気が ついて います。
・太郎さんは 今 パジャマを 着て います。
・部屋の窓が しまって います。
・あなたは 眼鏡を かけて いますか。

Vて ください

・ここに お名前を 書いて ください。
・ドアを 開けて ください。
・教科書を 見て ください。
・ゴミを 捨てて ください。

Vて ないで ください

・ここに 字を 書かないで ください。
・ドアを 開けないで ください。
・教科書を 見ないで ください。
・ゴミを 捨てないで ください

- 私は ドライブに 行きたいです。
- あなたは どんな 時計が 持ちたいですか。
- あまり 寒くて スキーに 行きたく ありません。
- 危険だから カー・レーサーになりたくありません。

- 私の友だちはテニスを習いたがります。
- 子供はアイスクリームを食べたがります。
- 中山さんはお父さんの死を言いたがりません。
- 彼は水上スキーをしたがります。

Unit 11 開けてもいいですか

山本さんと尹さんが 李さんの家を訪ねる。

李　いらっしゃい。どうぞ 上（あ）がって ください。

尹　おじゃまします。

山本　失礼します。 これ、つまらないものですが、…。

李　どうも。これ、何ですか。開けても いいですか。

山本　もちろんです。日本のお菓子（かし）です。

李　どうも、ありがとう。私、日本の お菓子 大好（だいす）きなんです。

　　今 食べて みても いいですか。

山本　ええ、どうぞ。おくちに あいますか。

李　とても おいしいです。本当（ほんとう）に ありがとうございました。

　　じゃ、いっしょに 食べま

　　しょうか。お茶を 入れて

　　来ます。

尹　李さん、ここに 飲み物（のみもの）が

　　ありますから、お茶は 入

　　れなくても いいですよ。

　　それより、たばこを 吸って

も いいですか。

李　いいえ、たばこは ちょっと… 私(わたし)の部屋は 禁煙(きんえん)ですから。

尹　たばこを 吸っては いけませんか。ごめんなさい。
それじゃ 後で 部屋の外(そと)で 吸います。

家(いえ・うち) 집	訪(たず)ねる 방문하다
上(あ)がって ください 들어오세요(오르세요)	いらっしゃい 어서 오세요
おじゃまします 실례하겠습니다	失礼(しつれい)します 실례합니다
つまらないものですが 보잘것없는 것입니다만	どうも 미안합니다, 감사합니다의 줄인 표현
もちろん 물론	お菓子(かし) 과자
大好(だいす)きだ 매우 좋아하다	お口(くち)に あう 입에 맞다
ありがとう ございます 감사합니다	いっしょに 함께, 같이
お茶(ちゃ)を 入(い)れる 차를 끓이다	飲(の)み物(もの) 마실 것
ごめんなさい 미안합니다	それより 그 보다
たばこ 담배	吸(す)う 피우다(마시다)
禁煙(きんえん) 금연	いけない 좋지 않다
それじゃ 그러면	後(あと)で 나중에

******

鉛筆(えんぴつ) 연필	先(さき)に 먼저
今晩(こんばん) 오늘밤	おそくまで 늦게까지
テレビ 텔레비전	主人公(しゅじんこう) 주인공
犯人(はんにん) 범인	定休日(ていきゅうび) 정기휴일
このごろ 요즘	道子(みちこ) (인명) 미치꼬
なかなか 상당히	いそがしい 바쁘다
仕事(しごと) 일, 업무	多(おお)い 많다
給料(きゅうりょう) 급료	この通(とお)り 이대로
有名(ゆうめい)だ 유명하다	だめだ 안된다
演劇(えんげき) 연극	チケット 티켓
二枚(にまい) 두 장	できる 할 수 있다
志望(しぼう) 지원	

1　V-ても いいです　～해도 좋습니다(許可)

V-て形에 붙어 許可를 나타낸다. 상대방에 대해 ～을 허용한다는 뜻으로「～ても かまいません」(～해도 상관없습니다)이라 표현하기도 한다. 이것은「～ても いいです」보다 소극적인 표현이다.

> 예 タバコを 吸っても いいですか。
> 　　教室で テレビを 見ても いいですか。
> 　　ここに 座っても かまいません。

2　V-なくても いいです　～않아도 됩니다(不必要)

동사를 ない形으로 해서「～なくても いい」라는 형태를 취하면 그행위를 하지 않는 것을 허용한다. 즉, 불필요를 나타낸다.

> 예 何も 話さなくても いいです。
> 　　お酒が いやなら 飲まなくても いいです。
> 　　そんなに 気に しなくても いいです。

　　※ V-ない形(否定形) ～지 않는다.

　　① 1형동사　⇒　어미를 あ단으로 바꾸고 ない를 붙인다.

> 　　　예 読む → 読ま ＋ ない ⇒ 読まない

　　② 2형동사　⇒　어미る를 없애고 어간에 ない를 붙인다.

> 　　　예 食べる ＋ ない ⇒ 食べない
> 　　　　起きる ＋ ない ⇒ 起きない

　　③ 불규칙동사사　⇒　する ⇒ しない　来る ⇒ 来(こ)ない

※ 참고

동사활용형 중 ありません원형을 ない形이라고 한다. 어미 う로 끝나는 동사는 あ가 아니라 わ로 바꾼 후 ない를 붙인다.

예 買う ⇨ 買わ ＋ ない ⇨ 買わない

예 会う ⇨ 会わ ＋ ない ⇨ 会わない

3 V-ては いけません　～해서는 안됩니다(禁止)

강한 금지와 불허가를 나타내는 표현이다. 「いけません」은 「いけない」(좋지 않다)의 정중체이다.

예 芝生に 入っては いけません。

テストの時、辞書を 引いては いけません。

暗いところで 本を 読んでは いけません。

4 ～んです

「～んです」는 말하는 이가 보고 듣고 난 것에 대해 놀람, 기대, 반대, 비난, 걱정, 설명 등의 감정의 표현이다.

명사	学生なんです	学生じゃ ないんです
	学生だったんです	学生じゃ なかったんです
い형용사	寒いんです	寒く ないんです
	寒かったんです	寒く なかったんです
な형용사	きれいなんです	きれいじゃ ないんです
	きれいだったんです	きれいじゃ なかったんです
동사	行くんです	行かないんです
	行ったんです	行かなかったんです

Vても いいです。

- 鉛筆で 書いても いいです。
- 先に 帰っても いいですか。
- 今晩 おそくまで テレビを 見ても いいですか。

Vては いけません。

- 鉛筆で 書いては いけません。
- 先に 帰っては いけません。
- 今晩 おそくまで テレビを 見ては いけません。

N-なんです。

- 実は、その映画の主人公が 私なんです。
- 犯人は 彼なんです。
- 今日は あの店の定休日なんです。

いA-んです。

- このごろ 道子さんは なかなか いそがしいんですね。
- これ、とても おいしいんです。
- 仕事も 多いし、給料も 高く ないんです。

なA-なんです。

- そうなんですか。
- この踊りは 有名なんです。
- どうしても だめなんです。

V-んです。

・実は 演劇（えんげき）の チケットを 二枚 持って いるんです。
・これは だれでも できるんです。
・どこの 会社を 志望（しぼう）して いるんですか。

12

休んだ方がいい

姜　山本さん、顔色（かおいろ）が よく ありませんね。どうしたんですか。

山本　ええ、実（じつ）は 昨日の夜、尹さんと お酒（さけ）を 飲み過ぎました。

　　尹さんの友だちで、日本へ 留学（りゅうがく）していた 朴さんという 人の

　　歓迎（かんげい）パーティーが あって…。

姜　それで 飲みすぎたんですね。

　　山本さんは　お酒は あまり 飲まないんじゃありませんか。

山本　普通（ふつう）は あまり 飲まないんですが、昨日は つい 飲みすぎて しまいました。それに、風邪気味（かぜぎみ）で…。

姜　そうですか。もう 薬（くすり）は 飲みましたか。

山本　いいえ、まだです。今度の
　　風邪は かなり きついと み
　　んな 言いますから、やっぱ
　　り お医者さんに 行（い）った方（ほう）
　　がいいですね。

姜　　そうですよ。今日は 早く 家へ 帰って、薬を 飲んで 休まなければ

　　　いけませんよ。

山本　ええ、そうします。

顔色(かおいろ) 얼굴색	どうしたんですか 어째서 입니까
ええ 에, 하이와 이이에중간정도	昨日(きのう) 어제
夜(よる) 밤	お酒(さけ) 술
飲(の)みすぎる 너무 마시다	留学(りゅうがく) 유학
歓迎(かんげい) 환영	パーティー 파티
それで 그래서	普通(ふつう) 보통
つい 무심코	しまう 버리다
それに 게다가	風邪気味(かぜぎみ) 감기기운
薬(くすり)を 飲(の)む	かなり 꽤, 상당히
きつい 대단하다	みんな 모두
お医者(いしゃ)さん 의사선생님	早(はや)く 빨리
休(やす)む 쉬다	～方(ほう) ～편, 쪽

****

明日(あした) 내일	テスト 시험
勉強(べんきょう) 공부	来月(らいげつ) 다음달
アメリカ 미국	外国(がいこく) 외국
パスポート 패스포트	取(と)る 잡다, 쥐다
毎日(まいにち) 매일	九時(くじ) 아홉시
すぐ 곧	電話(でんわ) 전화
暗(くら)い 어둡다	あいだ 사이
花(はな) 꽃	遊(あそ)ぶ 놀다
一人(ひとり) 한사람	歩(ある)く 걷다
帽子(ぼうし) 모자	高(たか)い 비싸다
映画館(えいがかん) 영화관	～のために ～때문에
あきれる 어이없다 기막히다	全部(ぜんぶ) 전부

1 ない形

<table>
<tr><td>V-ない形 +</td><td>ないで ください</td><td>~하지 말아 주세요</td></tr>
<tr><td></td><td>なくても いいです</td><td>~하지 않아도 됩니다</td></tr>
<tr><td></td><td>なければ なりません</td><td>~하지 않으면 안됩니다</td></tr>
<tr><td></td><td></td><td>(해야만 합니다)</td></tr>
<tr><td></td><td>なくては いけません</td><td>~하지 않아서는 안됩니다</td></tr>
<tr><td></td><td>ずに</td><td>~하지 않고, 하지 말아야</td></tr>
</table>

<table>
<tr><td>예 食べる ⇨</td><td>食べないで ください</td><td>書く ⇨</td><td>書かないで ください</td></tr>
<tr><td></td><td>食べなくても いいです</td><td></td><td>書かなくても いいです</td></tr>
<tr><td></td><td>食べなければ なりません</td><td></td><td>書かなければ なりません</td></tr>
<tr><td></td><td>食べなくては いけません</td><td></td><td>書かなくては いけません</td></tr>
<tr><td></td><td>食べずに</td><td></td><td>書かずに</td></tr>
</table>

2 ～と 言う ～라고 한다.

① 인용을 나타내는 조사「と」(～라고)와 함께 言う(말하다)는 말을 전하는 역할을 하는 표현이다. 자기 소개할 때도 쓰인다(Unit 1참조)

예 家へ 帰った ときには「ただいま」と 言います。
これは お国では 何と 言いますか。
彼も アメリカへ 研修に 行くと 言いました。

② ～という ～N　～라는(～라고 하는 N)

예 朴さんという 方から お電話です。
まるセンという 本屋を 知って いますか。

3 V(ます形) + すぎる 너무(지나치게) ～하다

　예　食べる ⇨ 食べすぎる　　　飲む ⇨ 飲みすぎる

4 V(た形)方が いいです ～하는 편(것)이 좋습니다

비교와 충고를 나타내는 표현으로, 「方(ほう)」는 방향을 나타내는 것 외에 「편」이라는 뜻으로 쓰인다. 문법적으로는 잘못된 부분이지만 습관상 과거원형인 た형을 쓴다. 「た형」활용은 「～て형」과 같다.

　1형동사 ⇨ ① ～う・つ・る ⇒ って(った)
　　　　　　　② ～ぬ・む・ぶ ⇒ んで(んだ)
　　　　　　　③ ～く・ぐ ⇒ いて(いで), いた(いだ)

　2형동사 ⇨ 어간 + た

　　　　　する ⇨ した　　　来る ⇨ 来た

　예　ラッシュアワーですから 電車に 乗った方が いいです。
　　　学校に 行った方が いいです。
　　　今 すぐ 帰って 寝た方が いいです。

부정인 경우에는 Vない에 연결된다.

　예　今夜は 寒いから お風呂に 入らない方が いいです。
　　　お化粧は しない方が いいです。

5　～Vて しまう ～해 버리다

❶ 적극적으로 어떤 일을 하여 완수한다는 뜻으로 사용한다. 우리말의 「～해버린다」의 의미이다.

> 例　徹夜して 小説を 全部 読んで しまいました。
> 　　おなかが すいて 全部 食べて しまいました。

❷ 어떤 동작, 작용의 결과가 의도했던 것과는 달라져서 유감을 표현할 때 사용한다.

> 例　財布を 忘れて 来て しまいました。
> 　　道で ころんで しまいました。

❸ 그 밖에 て에 연결되는 보조동사표현
　① ～て みる ～해 보다. 시도를 나타낸다.

> 例　一度 読んで みます。한 번 읽어보겠습니다.

　② ～て おく ～해 두다.

> 例　日本語は 勉強して おきました。일본어는 공부해 두었습니다.

　③ ～て いく ～해 가다. ～되어가다.

> 例　問題が 大きく なって いきます。문제가 커져갑니다.

　④ ～て くる ～해 오다. ～되어오다.

> 例　だんだん 明るく なって きました。점점 밝아져 왔습니다.

❶ 名詞서술문

긍정	부정	과거긍정	과거부정
学生だ	学生では ない	学生だった	学生では なかった

❷ い形容詞서술문

긍정	부정	과거긍정	과거부정
おいしい	おいしく ない	おいしかった	おいしく なかった

❸ な形容詞서술문

긍정	부정	과거긍정	과거부정
好きだ	好きでは ない	好きだった	好きではなかった

❹ 動詞서술문

	긍정	부정	과거긍정	과거부정
5단동사	会う	会わない	会った	会わなかった
	飲む	飲まない	飲んだ	飲まなかった
상1단동사	見る	見ない	見た	見なかった
하1단동사	食べる	食べない	食べた	食べなかった
する	する	しない	した	しなかった
来る	来(く)る	来(こ)ない	来(き)た	来(こ)なかった

V(ない形)-なければ なりません

・明日は テストですから 勉強 しなければ なりません。

・来月 仕事で アメリカへ 行かなければ なりません。

・外国へ 行くときは パスポートを とらなければ なりません。

・毎日 九時までに 会社に 来なければ なりません。

V(た形)-ほうが いいです

・すぐ 母に 電話を かけたほうが いいです。

・暗いから 電気を つけたほうが いいです。

・朝早く 起きたほうが いいです。

・日本にいるあいだに、お茶や お花を 習ったほうが いいです

V(ない形)-ほうが いいです

・子供は ここで 遊ばないほうが いいです。

・夜 遅く 一人で 外で 歩かないほうが いいです。

・この帽子は 高いから 買わないほうが いいです

・映画館では 寝ないほうが いいです。

Vて しまう

・彼は 先に 行って しまいました。

・あきれて しまいました。

・山田さんは お酒を 全部 飲んで しまいました。

・ゴミは 全部 捨てて しまいました。

ひな祭

헤이안시대(平安時代 : 794-1192)에는 3월 초가 되면 사람의 모양을 한 인형에다 자신의 부정(不浄)을 옮겨서 바다나 강물에 떠내려 보내는 액땜 행사가 있었다. 이 때에 사용된 사람 모양의 인형에서 히나인형(ひな人形)으로 발전되고, 후세에 이것을 장식하여 ひな祭를 행하게 되었다. 히나인형을 장식하는 ひな祭가 3월 3일의 행사가 된 것은 에도시대인 18세기경이라고 한다. 그전까지는 신분이 높은 사람들 사이의 행사였으나 점차로 서민에게까지 보급되었다.

Unit 13 喜ぶと思います

金　あら 鈴木さん、今日 何か いいことでも あるんですか。

歌を 歌ったり して…。

鈴木　はい、ぼく やりました。今日 ついに 彼女と デートを するんです。

金　おめでとう。とうとう 彼女も オーケーしたんですね。

それで、いっしょに どこへ 行くんですか。

鈴木　コーヒーショップで 会って ドライブに 行くつもりです。

ドライブに 行って 景色(けしき)の いい レストランに 入って 食事を し

ようと思います。食事を したあとで 映画を 見る予定です。

そして 家へ 帰る前に 雰囲気(ふんいき)の いい カクテルバーで カクテルを

いっぱい 飲むつもりです。

金　　すごい スケジュールですね。きっと 彼女も 喜ぶと 思います。

　　　まあ、がんばって ください。

鈴木　　はい、がんばります。

こと 일, 사항	歌(うた)う 노래하다
ぼく 나	やる 하다
ついに 결국, 마침내	デート 데이트
おめでとう 축하합니다	とうとう 드디어, 결국
オーケー 오케이	コーヒーショップ 커피숍
ドライブ 드라이브	景色(けしき) 경치
入(はい)る 들다	食事(しょくじ) 식사
思(おも)う 생각하다	〜あとで 〜(한)후에
予定(よてい) 예정	そして 그리고
雰囲気(ふんいき) 분위기	カクテルバー 칵테일바
カクテル 칵테일	つもり 생각
すごい 굉장하다	スケジュール 스케쥴
きっと 반드시	喜(よろこ)ぶ 기뻐하다
がんばる 분발하다	がんばって ください 분발해 주세요

****

これから 이제부터	体重(たいじゅう) 체중
減(へ)らす 줄이다	自分(じぶん) 자신
字(じ) 글자	きれいに 깨끗하게, 예쁘게
優勝(ゆうしょう) 우승	暑(あつ)い 덥다
兄(あに) 형, 오빠	恋人(こいびと) 연인
美(うつく)しい 아름답다	内山(うちやま) (인명) 우치야마
元気(げんき)だ 건강하다	クラス 학급
一番(いちばん) 가장, 제일	上手(じょうず)だ 잘한다
費用(ひよう) 비용	かかる 걸리다

1　V-う(よう)(意志・勧誘・推量)　～하려고/하자/하지

① 1형동사 ⇨ 어미 う단을 お단으로 바꾸고 장음 う를 붙인다.

예 読む ⇨ 読も ＋ う ⇨ 読もう

② 2형동사 ⇨ 어미 る를 없애고 어간에 よう를 붙인다.

예 起きる ＋ よう ⇨ 起きよう
예 食べる ＋ よう ⇨ 食べよう

③ 불규칙동사 ⇨ する ⇨ しよう　来る ⇨ 来(こ)よう

2　V-う(よう)と 思います (意志)　～하려고 생각합니다.

예 来週あたり、彼女に 会おうと 思います。
私は 観光の 勉強を しようと 思って います。
スタイルを 変えようと 思います。

3　V-たり-たり する　なA、いA-たりする　～하기도 하고 ～하기도 하다

동작이나 상태를 나열할 때의 표현으로 접속방법은 과거 た形과 같다. 반드시 뒤에 する가 와야 한다.

動詞	見る	見て	見た	見たり
い形容詞	高い	高くて	高かった	高かったり
な形容詞	有名だ	有名で	有名だった	有名だったり
名詞	先生だ	先生で	先生だった	先生だったり

4 主格의 の

연체수식절의 「が」가 「の」로 바뀌는 경우로, 두 문장이 한 문장으로 될 때 일어난다.

예 評判の いい 映画です。

（評判がいいです。 ＋ 映画です。 ⇨ 評判のいい 映画です。）

母の作った料理が 一番 好きです。

（母が作った料理です。 ＋ 一番 好きです。 ⇨ 母の作った料理が 一番好きです。）

5 つもり・予定・はず

つもり	동사기본형 ＋ つもり는 「〜할 생각이다/ 〜할 작정이다」라는 뜻이고, 화자의 적극적인 의지를 나타낸다. 예 来年は 日本へ 帰るつもりです。
予定	동사기본형 ＋ 予定는 다른 사람과의 상담, 결정이나 공식적인 결정에 쓰인다. 본인의 의지가 강하게 들어있는 것은 아니다. 예 明日 出張に 行く 予定です。 電車は 10時に 出発する 予定です。
はず	동사기본형 ＋ はず는 어떤 근거를 가지고 말할 때와 기정사실로서 예정되어 있는 일, 화자가 확신을 갖고 표현할 때 쓰인다. 예 このごろの山口は 雪が 多いはずです。 李さんは かならず 来るはずです。

동사와 い형용사는 원형에 명사와 な형용사는 단정사 だ의 원형에 연결한다.

예 明日は 雨だと 思います。　　　　　　　　　　　(명사)

この問題は 私には 難しいと 思います。　　　　　(い형용사)

彼女が 一番 きれいだと 思います。　　　　　　　(な형용사)

あの店には ビッグサイズが あると 思います。　　(동사)

おそくても 三時までには 帰って くると 思います。　(동사)

V-う(よう)と 思います

- これからは 日本語の 勉強を しようと 思います。
- 体重を 減らそうと 思います。
- 自分のことは 自分で やろうと 思います。
- 字を きれいに 書こうと 思います。

Nだと 思います

- 優勝は 山本さんだと 思います。
- 彼が 日本語の先生だと 思います。
- 優勝は 山田さんでは ないと 思います。
- 彼は 日本語の先生ではないと思います。

いAと 思います

- 今日は 暑いと 思います。
- 兄の 恋人は 美しいと 思います。
- 今日は 暑く ないと 思います。
- 兄の 恋人は 美しく ないと 思います。

なAと 思います

- このごろ 内山さんは 元気だと 思います。
- 彼女が クラスの 中で 日本語が 一番 上手だと 思います。
- このごろ 内山さんは 元気では ないと 思います。
- 彼女が クラスの 中で 日本語が 一番 上手では ないと 思います。

・費用が かなり かかると 思います。

・日本語が 上手に なって 帰って 來ると 思います。

・費用は かなり かからないと 思います。

・日本語が 上手に なって 帰って 來ないと 思います。

일본을 대표하는 꽃

일본에서는 국화가 공식적으로 정해져 있지 않으나, 일본을 대표하는 꽃으로는 보통 「벚꽃(桜)」과 더불어 「국화(菊)」를 들 수 있다. 봄에 피는 벚꽃은 만개해서 겨우 2,3일 정도밖에 볼 수 없기 때문에 이를 두고 일본인의 성격을 상징적으로 나타낸다고 일컬어져 왔다. 일본에서는 꽃놀이를 「하나미(花見)」라고 하는데, 이는 일반적으로 4월을 전후한 벚꽃놀이를 뜻한다. 또한 가을꽃인 국화는 예로부터 일본을 대표하는 꽃으로 여겨져 왔으며 일본 황실의 상징이기도 하다. 국화는 일본인의 섬세한 미적의식의 상징이라 여겨져, 루스 베네딕트의 일본연구서 『국화와 칼』의 제목이 되기도 했다.

14 行ったことがあります

Unit

今井　内山さん、アフリカに 行ったことが ありますか。

内山　いいえ、ありませんけど、なんですか、急にアフリカなんて…。

今井　昨日 テレビで サバンナを 見て アフリカに 行って みたいなと 思ったんです。特に ライオンが 見たいです。

内山　ライオン?! ライオンなら 動物園にも いるでしょう。

今井　それは そうですけど、広い 所で 狩りを する ライオンが 見たいんです。

内山　私は 行かない方が いいと思いますね。

今井　どうしてですか。

内山　今井さんが ライオンの えじきに なるかも しれませんよ。

今井　えっ???

今井(いまい) (인명) 이마이　　　　内山(うちやま) (인명) 우치야마
なんですか 무엇입니까　　　　　急(きゅう)に 갑자기
〜なんか 〜따위　　　　　　　　サバンナ (지명) 사반나
特(とく)に 특히　　　　　　　　ライオン 라이온
〜なら 〜라면　　　　　　　　　動物園(どうぶつえん) 동물원
〜けど 〜이지만　　　　　　　　広(ひろ)い 넓다
所(ところ) 곳, 장소　　　　　　狩(か)り 사냥
どうしてですか 어째서 입니까　　えじき 먹이
〜かも しれません 〜일지도 모릅니다

＊＊＊＊＊＊＊

3年前(ねんまえ) 3년 전　　　　　大雨(おおあめ) 큰비
降(ふ)る 내리다　　　　　　　　インターネット 인터넷
使(つか)う 사용하다　　　　　　家庭(かてい) 가정
訪(たず)ねる 방문하다　　　　　ハイキング 하이킹
向(む)こう 건너편　　　　　　　屋根(やね) 지붕
ペン 펜　　　　　　　　　　　　机(つくえ) 책상
上(うえ) 위　　　　　　　　　　高校(こうこう) 고교
同級生(どうきゅうせい) 동급생　約束(やくそく) 약속
時間(じかん) 시간　　　　　　　遅(おく)れる 늦다
大阪(おおさか) (지명) 오오사카　確(たし)かに 확실하게
観光地(かんこうち) 관광지　　　少(すく)ない 적다
一度(いちど) 한번　　　　　　　病院(びょういん) 병원
ぼく 나　　　　　　　　　　　　海(うみ) 바다
薬屋(くすりや) 약국　　　　　　近(ちか)く 근처
似合(にあ)う 어울리다

1　V(た形) ことが ある　〜한 적이 있다. (경험)

ことは 일, 사실, 사정, 경우 등의 뜻을 나타내는 형식명사로서 동사과거 た형에 접속하면
과거경험의 뜻이 된다.

> **예**　日本へ 行ったことが あります。
> 日本へ 行ったことが ありません。
> 飛行機に 乗ったことが ありますか。

2　〜でしょう　〜이겠지요(추측)/ 〜이지요(확인·동의)

문말이나 동사·い형용사·な형용사·명사의 원형에 연결한다.

① 추측　앞으로의 상태나 동작을 말하는 이가 추측할 때 쓰인다.

> **예**　明日も 雨でしょう。
> 彼も 今日のパーティーに 来るでしょう。

② 확인·동의　말하는 사람의 추측을 자신이 없어 끝어조를 높여서 상대방에게 확인하거나
동의를 구할 때 쓰인다.

> **예**　赤いかばん、あなたのでしょう。
> 韓国は 初めてでしょう。

3　〜かも しれません　〜일지 모릅니다.

어떤 사실에 대하여 불확실한 추측을 할 때 쓰는 표현이다. 보통체는「〜かも しれない」이
며, 동사·い형용사·な형용사·명사의 원형에 연결한다.

傘が 必要かも しれません。
あの店は 今日 休みかも しれません。
明日で 終わるかも しれません。

| 4 | Nなら ~라면 |

앞의 말을 조건으로 들어서 할 때 우리말의 「~라면」에 해당한다.

 英語なら 私も 自信が あります。
お金なら 心配しないで ください。

Vた ことが あります

- 私は アメリカに 行ったことが あります。
- 3年前 大雨（おおあめ）が 降ったことが あります。
- 田中さんは インターネットを 使ったことが ありますか。
- 日本人の家庭（かてい）を 訪（たず）ねたことが ありますか。

～でしょう

- 田中さんも ハイキングに 行くでしょう。
- 向（む）こうに 赤い 屋根（やね）の家が 見えるでしょう。
- 私のペンは 机の 上でしょう。
- 高校の同級生（どうきゅうせい）に 田中さんという 人、いたでしょう。

～かも しれません

- もう 約束（やくそく）の 時間に 遅（おく）れるかも しれません。
- 大阪には 確（たし）かに 観光地（かんこうち）が 少ないかも しれません。
- 一度 病院に 行ってみたほうが いいかも しれません。
- 犯人は 彼かも しれません。

Nなら

- ぼくなら 海へ 行きます。
- 薬屋なら この近くに あります。
- こんな時 あなたなら どう しますか。
- これなら よく 似合（にあ）うと 思います。

こいのぼり

중국에는 こい(잉어)가 황하의 급류를 거슬러 올라가 용이 되었다고 하는 전설이 있는데, 중국의 전설처럼, 남자아이들이 건강하게 자라 출세하기를 바라는 마음을 담아 세워지는 것이 こいのぼり이다. 이 こいのぼり란 종이나 천으로 잉어 모양을 만들어 채색한 것을 장대에 매단 것으로 주로 5월에 세워지며, 바람이 불면 마치 잉어가 헤엄치고 있는 것같이 보인다. 일본에서는 에도시대(江戸時代)부터 こいのぼり가 세워지게 되었다.

15 おどったり歌ったり

Unit 

金	お帰りなさい。日本旅行は どうでしたか。
柳	おかげさまで とても 樂しかったです。
金	どこが 一番 よかったですか。
柳	日光です。日光は 景色も いいし 歴史のある ところだし、それに 近くに 温泉も あります。温泉で お風呂に 入ったり おいしい 食べ物を 食べたり しました。でも 印象深い所は 原宿です。若い 人が おおぜい 集まって おどったり 歌ったりするのを 見て おもしろかったです。金さんも 原宿に 行ったことが ありますか。
金	ええ、留学生の 時 何回か 行ったことが あります。おもしろい ところだと 思いました。ところで 山本さんには 会えましたか。

柳　　それが 急に 雨が たくさん 降って 行けませんでした。

　　　山本さんも 雨だから 来ないほうが いいと 言いました。

金　　それは 残念でしたね。じゃ 夏休みに いっしょに 行きましょう。

お帰(かえ)りなさい 다녀왔어요. 어서 오세요 (ただいま 다녀왔습니다 에 대해)

おかげさまで 덕택에, 덕분에	樂(たの)しい 즐겁다
日光(にっこう) (지명) 닛코우	歴史(れきし) 역사
深(ふか)い 깊다	それに 게다가
温泉(おんせん) 온천	お風呂(ふろ)に 入(はい)る 목욕하다
印象(いんしょう) 인상	印象深(いんしょうぶか)い 인상깊다
原宿(はらじゅく) (지명) 하라쥬크	若(わか)い 젊다
おおぜい 많은 사람, 여럿	集(あつ)まる 모이다
踊(おど)る 춤추다	おもしろい 재미있다
何回(なんかい) 몇 회	会(あ)える 만날 수 있다
雨(あめ) 비	残念(ざんねん)だ 유감이다
夏休(なつやす)み 여름방학	

****

運転(うんてん) 운전	生(なま)たこ 생낙지	英語(えいご) 영어
論文(ろんぶん) 논문	ルンバ 룸바	一人(ひとり)で 혼자서
服(ふく) 옷	着(き)る 입다	二時(にじ) 두시
～ごろ ～경, 무렵	ここ 여기	車(くるま) 차, 자동차
止(と)める 세우다	冷(つめ)たい 차갑다	飲(の)める 마실 수 있다
はこ 상자	重(おも)い 무겁다	持(も)てる 들 수 있다
行(い)ける 갈 수 있다	～に 会(あ)う ～를 만나다	(はな)せる 말할 수 있다
イタリア 이탈리아	料理(りょうり) 요리	作(つく)れる 만들 수 있다
天気(てんき) 날씨	はれる 개다	くもる 흐리다
部屋(へや) 방	寒(さむ)い 춥다	音樂(おんがく) 음악
聞(き)く 듣다	にぎやかだ 번화하다	静(しず)かだ 조용하다
人々(ひとびと) 사람들		

1 可能表現 ～할 수 있다.

(1) 동작명사 + が できる	
(2) 동사	① 동사 연체형 + ことが できる
	② ㈎ 1형동사 ⇨ 어미 う단 ⇨ え단 + る
	㈏ 2형동사 ⇨ 어미 る를 없애고 어간 + られる
	㈐ 불규칙동사 ⇨ する ⇨ できる　来る ⇨ 来(こ)られる

❶ 運動　　⇨ 運動が できる

　　勉強　　⇨ 勉強が できる

❷ ① 行く　⇨ 行くことが できる

　　見る　⇨ 見ることが できる

　　食べる　⇨ 食べることが できる

　② 行く　⇨ 行ける

　　見る　⇨ 見られる

　　食べる　⇨ 食べられる

　　する　⇨ できる

　　来る　⇨ 来られる

2　～たり ～たり する　～하거나 ～하거나 한다 (Unit 13 참조)

Ｖることが できます。

- ・運転することが できます。
- ・はやく 起きることが できます。
- ・生だこを 食べることが できます。
- ・英語で 論文を 書くことが できます。
- ・ルンバを 踊ることが できます。

Ｖ(あ段)(ら)れます

- ・はやく 起きられます
- ・生だこが 食べられます。
- ・子どもは 一人で 服を 着られません。
- ・二時ごろには 来られます
- ・ここには 車を 止められません。

Ｖ(え段)ます

- ・コーヒーが 冷たくて 飲めません。
- ・はこが 重くて 持てません。
- ・雨が 降って ハイキングに 行けませんでした。
- ・日本人に 会って 日本語で 話せます。
- ・道子さんは イタリア料理が 作れます。

・天気が はれたり くもったり します。
・部屋が 暑かったり 寒かったり します。
・テレビを 見たり 音樂を 聞いたり します。
・にぎやかだったり 静かだったり します。
・人々が 行ったり 来たり します。

成人式(成年式)

성인식은 한 사람의 어엿한 사회인으로 인정받는 의식이다. 만 20세가 되면, 成人으로 인정되고 선거권이 주어진다. 1948년 국민의 祝日인「성인의 날」이 제정되었는데, 각지에서 성인이 된 것을 축하하는 성인식이 열리고, 성인이 된 청년은 기념품을 받는다. 이날 여자는 전통복장인 振りそで를, 남자는 양복을 입는다. 현재 1월 둘째 월요일이 성인의 날로 지켜지고 있다.

予約は して ありますか

岩井	李さん、今日も アルバイトに 行きますか。
李	ええ、行きますが 来週の 水曜には 終わります。木曜から 待ちに 待った 日本旅行です。
岩井	そうですか。日本旅行のために アルバイトを して 来たんですか。
李	はい、サークルの 人たちと 一緒に 四泊五日（よんはくいつか）で 福岡や 別府など を 旅行する予定です。
岩井	泊まる所は 決（き）まっていますか。
李	はい、日本の 伝統的（でんとうてき）な旅館（りょかん）に しました。
岩井	うらやましいですね。私も 行きたいなあ。ところで 最近 シーズン だから 飛行機の予約が 大変だと 聞いたんですが、飛行機の 予約は して ありますか。
李	はい、先週 して おきました。

岩井　それは よかったです。別府は 温泉（おんせん）が 有名（ゆうめい）ですが、温泉にも 入る
　　　予定は ありますか。

李　　ええ、もちろんです。私たちも 温泉に入る（はい）のを 樂しみに して います。私が サークルの中で 一番 若いので 資料も コピーして おきました が、景色も とても すばらしくて とても いい ところみたい です。

岩井　ええ、いいところですよ。私も 小学校 2年生のとき、行ったことが ありますが、また もう 一度 行きたいですね。

岩井(いわい) 이와이(인명)	来週(らいしゅう) 다음주
水曜(すいよう) 수요일	木曜(もくよう) 목요일
待(ま)ちに待(ま)った 기다리고 기다리던	旅行(りょこう) 여행
〜のために 때문에, 위해서	サークル 서클
四泊(よんぱく)五日(いつか) 4박 5일	福岡(ふくおか) 후쿠오카(지명)
別府(べっぷ) 벳푸(지명)	伝統的(でんとうてき) 전통적
最近(さいきん) 최근	シーズンだから 시즌이기 때문에
飛行機(ひこうき) 비행기	予約(よやく) 예약
先週(せんしゅう) 지난주	おく 두다
温泉(おんせん) 온천	〜に入(はい)る 온천을 하다
楽(たの)しみ 즐거움, 기대	若(わか)い 젊다
資料(しりょう) 자료	コピー 복사
〜みたいだ -인 듯하다	小学校(しょうがっこう) 초등학교
二年生(にねんせい) 2학년	

1 타동사て あ る (〜어 있다) 상태

동작의 결과로 인한 상태를 나타낸다. 제3의 작용에 의해 의도된 행동이 결과로서 남아 있는 상태를 나타낸다.

예 店の名前は かばんぱんに 書いて あります。
出入り口の戸に かぎが かけて あります。
花は 花瓶に さして あります。

2 타동사て いる (〜하고 있다) 동작의 진행을 나타낸다.

예 先生は 黒板に 漢字を 書いて います。
田中さんは 今 ステレオを 部屋に 置いて います。

진행	상태
〜を 타동사て いる	〜が 타동사て ある
水を 入れて いる テレビを つけて いる 窓を 閉めて いる ドアを 開けて いる 車を 止めて いる	水が 入れて ある テレビが つけて ある 窓が 閉めて ある ドアが 開けて ある 車が 止めて ある

渋谷

東京의 渋谷역 북쪽 출입구(北口)에는 사람들의 만나는 장소로 잘 이용되는 ハチ公 앞 광장이 있다. ハチ公라고 하는 것은 동상(銅像)의 주인공이 된 개의 이름이다. ハチ라는 개는 주인이 회사에 가고 올 때마다 배웅하고 있었는데, 회사에 출근했던 주인이 죽은 줄도 모르고 10년 간이나 그 자리에서 주인을 기다리고 있었다고 한다. 그것에 감동한 사람들이 역 앞에 세운 것이 ハチ公 동상이다.

17 親を 困らせました

山本	あっ、おどろきましたよ。姜さん!
姜	ハッハッ、びっくり させて ごめんなさい。
山本	姜さんは たぶん 小さい時 いたずらっ子だったでしょうね。どんな子でしたか。
姜	そうですね。よく けがを したり 友だちに いたずらを したり して 両親を 困らせました。
山本	やっぱりね。
姜	いつも おもしろいことを 言って 友だちを 笑わせたりも した 覚えも あります。
山本	あまり 変わって いませんね。今も そうなんですよ。
姜	ところで 内山さんは ちょっと 遅いですね。
山本	そうですね。

(あそこから　内山さんが　走って　くる)

内山　山本さん、姜さん、どうも　すみません。お待たせしました。

姜　内山さん、どうしましたか。心配　して　いましたよ。道でも　込んで　いましたか。

内山　ええ、もう　大変だったんです。普段も　道が　込んで　いるのに　パレードの行列のため　私の乗った　バスが　お巡りさんに　遠回りされたり　して　それで　遅く　なりました。30分も　待たせて　本当に　ごめんなさい。

山本　いえ　いえ　大丈夫です。でも　本当に　大変でしたね。

おどろく　놀라다	びっくり　깜짝 놀람
ごめんなさい　미안합니다	たぶん　아마, 대개
いたずらっ子　장난꾸러기	よく　자주, 잘
けがをする　부상을 당하다	いたずら　장난
親(おや)　(내)부모	困(こま)る　곤란하다
笑(わら)う　웃다	覚(おぼ)え　기억
走(はし)る　달리다	お待たせしました　오래 기다리셨습니다
内山(うちやま)　우치야마(인명)	込(こ)む　붐비다
普段(ふだん)　평소	パレード　퍼레이드
行列(ぎょうれつ)　행렬	乗(の)る　타다
遠回(とおまわ)り　우회	30分(じゅっぷん)　30분

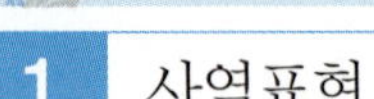

1 　사역표현

다른 사람에게 어떤 행위를 지시, 명령 또는 요구하여 그대로 실행하는 경우에 쓰인다.

〈**접속**〉　1형동사　　어미 う단이 あ단으로 바뀌고 조동사—せる가 연결된다.

　　　　　2형동사　　る를 없애고 어간에 조동사—させる가 연결된다.

　　　　　する동사　　させる

　　　　　来る동사　　こさせる

모든 사역동사의 활용은 1단동사이다.

	기본형	사역형	ます형
1형동사	行く 話す 死ぬ 読む 帰る	行かせる 話させる 死なせる 読ませる 帰らせる	行かせます 話させます 死なせます 読ませます 帰らせます
2형동사	寝る	寝させる	寝させます
する동사	する	させる	させます
来る동사	来る	こさせる	こさせます

2 　의미

❶ 보통 윗사람이 아랫사람에게 어떤 행위를 강요하거나 권유할 때 사용한다. 윗사람에게 부탁하는 경우엔 쓰이지 않는다.

　예　子供に 掃除を させます。

❷ 상대가 원하는 것을 허락할 때 쓰인다. 이 경우 허락한 사람의 호의가 담겨있다.

> 子供に アイスクリームを 食べさせます。
> 女の 学生は 立って、私の祖母を 座らせて くれました。

❸ 어떤 것이 직접적인 원인이 되어 그 결과로 다른 사람의 심리적 변화나 감정적인 동작을
유발한다는 의미로 쓰인다.

> 彼は いつも 友だちを 笑わせます。
> 難しい 質問ばかり して 先生を 困らせないで ください。

18 赤ちゃんに 泣かれて 困って いました

山本　李さん、昨日 何か ありましたか。

携帯電話で 何度も 電話を しましたが。

李　はい、一日中 赤ちゃんに 泣かれて 困って いました。

山本　そうですか。ところで 赤ちゃんって 誰の…。

李　姉の娘です。来週で 八ヶ月に なりますが、姉に 急用が できて、

一日中 私が 世話を しなければ ならない ことに なりました。

泣かない時は とても かわいくて 天使のようですが、泣かれると

もう 気が 気で ないです。

山本　そうでしたか。実は 私も 昨日 大変だったんですよ。

　　　友達に 会いに 行ったとき、雨には 降られるし、友達には 1時間
　　　も 待たせられるし、それに 家に 帰ったら 思いきって きれいに
　　　掃除した 部屋は 犬に 入られて めちゃくちゃに なって いて も
　　　う散々でした。

李　　本当に かわいそう。私よりも 大変だったんですね。

赤(あか)ちゃん 아기	携帯(けいたい) 휴대
電話(でんわ) 전화	姉(あね) (내) 언니
八ヶ月(はっかげつ) 8개월	急用(きゅうよう) 급한 일
できる 생기다	一日中(いちにちじゅう) 하루종일
世話(せわ) 시중, 신세	〜をする 보살펴주다, 돌보아주다
〜になる 신세지다	泣(な)く 울다
天使(てんし) 천사	〜のようだ -와 같다
気(き)が気(き)でない (걱정이 되어) 안절부절 하지 못하다	雨(あめ) 비
降(ふ)る 내리다	思(おも)いきって 큰마음 먹고
掃除(そうじ) 청소	部屋(へや) 방
犬(いぬ) 개	めちゃくちゃ 엉망진창임
散々(さんざん) 상태가 몹시 나쁨	かわいそう 불쌍함

1　수동표현

〈**접속**〉　1형동사　　어미 う단이 あ단으로 바뀌고 조동사 れる가 연결된다.

　　　　　2형동사　　어간에 조동사 られる가 연결된다.

　　　　　する동사　　される

　　　　　来る동사　　こられる

모든 수동동사는 2형동사의 활용을 한다.

	기본형	수동
1형동사	会う 行く 死ぬ 読む 帰る	会われる 行かれる 死なれる 読まれる 帰られる
2형동사	食べる	食べられる
する동사	する	される
来る동사	来る	こられる

2　의미 일본어수동에는 수동, 존경, 자발의 의미로 사용된다.

❶ **수동**　직접수동과 간접수동이 있다. 직접수동은 직접적으로 행동을 받거나 피해를 본 경우이고 간접수동은 사건이나 타인의 행동에 의해 피해를 입거나 피해라고 느꼈을 때 피해 입은 사람을 주어로 하여 표현하는 경우이다.

단, 행위를 하는 사람이 1인칭인 경우에는 수동표현을 쓸 수 있다.

例 弟は 先生に 呼ばれました。(○)
私は 弟を 呼びました。　　(○)
弟は 私に 呼ばれました。　(×)

① 직접수동

先生は 私を ほめました。

×

私は 先生**に** ほめられました。
私は 祖母**に** 育てられました。
パーテイーに 招待されました。樂しみです。

② 간접수동

例 雨が 降りました。 ⇨ (私は) 雨に 降られました。

例 昨日、子供に 泣かれて 全然 寝られませんでした。
今日、試験なのに 友達に 来られて 勉強できませんでした。

* 수동표현에는 피해의식이 없는 표현도 있다. 행위의 대상을 주어로 하고 사회적인
사실이나 공공에게 알리는 경우에 사용한다.

例 試験は 10月10日から 行われます。
この 雑誌は 若い 人に よく 読まれて います。

② **자발**　일부러가 아닌 어떤 것이 자연히 발생한다는 의미로 쓰인다.

例 病気に なると 国の母のことが 思い出されます。
李先生は いつも 子供のことが 案じられるみたいです。

19 言(い)わせられたり 聞(き)かせられたり する

Unit

姜	ああ、疲れた。
山本	どう しましたか。
姜	夕べ 友だちの 悩(なや)みを 一晩中(ひとばんじゅう) 聞かせられました。
山本	えっ、一晩中!
姜	それに 今朝 九時から 日本語の 授業が あったので 母に 早く 起こされました。
山本	そうでしたか。
姜	また、授業中(じゅぎょうちゅう)には 漢字(かんじ)を いっぱい 書かせられました。
山本	でも、いいことですよ。練習が できて。

姜　それは そうなんですけど、難しい発音を 何回も 繰り返して 言わせられたり 聞かせられたり するのは 大変なことですよ。

山本　それも そうだね。姜さん もしかして その先生 田中建という 先生じゃ ありませんか。

姜　はい。山本さんも 習ったことが ありますか。

山本　ええ、あの先生の授業 とても きつかったんですよ。去年、授業を 受けましたが、毎日毎日 レポートを 出させられました。でも、確かに 勉強には なりました。

疲(つか)れた 피곤하다	一晩中(ひとばんじゅう) 밤새 내내
早(はや)く 일찍	起(お)こす 깨우다
漢字(かんじ) 한자	練習(れんしゅう) 연습
できる 할 수 있다, 되다	難(むずか)しい 어렵다
発音(はつおん) 발음	何回(なんかい) 몇 번
繰(く)り返(かえ)す 반복하다	もしかして 혹시, 어쩌면
習(なら)う 배우다	きつい 엄하다, 심하다
去年(きょねん) 지난해	受(う)ける 받다
授業(じゅぎょう)を ～ 수업을 받다	レポート 레포트
確(たし)かに 확실하게	

1　사역수동형

동사의 기본형을 사역형으로 바꾼 뒤 다시 수동형으로 바꾼 동사이다.

〈접속〉			
1형동사	読む	⇨ 読ませる	⇨ 読ませられる
2형동사	いる	⇨ いさせる	⇨ いさせられる
	食べる	⇨ 食べさせる	⇨ 食べさせられる
する동사	する	⇨ させる	⇨ させられる
来る동사	来る	⇨ こさせる	⇨ こさせられる

2　의미

동사의 사역수동형은 어떤 이로부터 명령이나 지시를 받고 어쩔 수 없이 한다는 느낌이 강할 때와 결과적으로나 심리적으로 그렇게 되어버린 경우에 쓰인다. 즉 원하지 않고 즐겁지도 않은 마음으로 한다는 어감을 표현하는데 쓰인다.

　ㄱ 今日は 日曜日なのに 学校へ 来ました。
　ㄴ 今日は 日曜日なのに 学校へ 来させられました。

ㄱ의 문장은 단순히 학교에 왔다는 문장이고,
ㄴ의 문장은 일요일이라 학교에 오기 싫은데 억지로 왔다는 의미의 문장이다.

地震

일본은 지진이 매우 많은 나라이다.

세계 지진의 약 10퍼센트가 일본이나 일본 근방에서 일어나고 있다. 1923년 도쿄와 요코하마를 중심으로 한 관동대지진(関東大震災)이라고 하는 진도 7.9의 지진은 인구가 많은 장소에서 일어났다는 점과, 점심 준비를 하고 있던 시간대였기 때문에 큰 화재가 발생하여 10만명 가까운 사람이 사망했다.

1995년, 고베를 중심으로 일어난 진도 7.2의 고베대지진(阪神淡路大震災)도 가옥과 빌딩이 무너지고 고속도로가 붕괴되었으며, 지진 뒤의 화재로 많은 집이 불타버렸다. 이 지진으로 사망한 사람은 6천명 이상이었다. 일본에서는 평소에 지진에 대비한 훈련을 철저히 실시하고 있다.

20 交通事故が だんだん 増えて きて いるようですね

Unit

山本	どうしたんでしょう、あの音は…。あら、事故のようです。
岩井	あら、救急車も 来て いるわ。
山本	大事故のようですね。
岩井	そうですね。韓国も 最近 交通事故が だんだん 増えて きて いるようです。昨日、テレビの ニュースで 聞きましたよ。
山本	岩井さん、ニュース 全部 分かりますか。へえ、えらい。もう、ニュースも 聞いて 全部 分かるように なったんですね。

岩井	いや、まだまだです。最近に なって はじめて ドラマも ニュースも 少し 分かるように なりました。
山本	そのくらいなら もう 韓国の生活にも 慣れたんでしょう。
岩井	山本さんのお陰です。いつも いろいろ 手伝って もらって 感謝して います。
山本	役に 立って さいわいです。

交通(こうつう) 교통	事故(じこ) 사고
増(ふ)える 늘어나다	音(おと) 소리
救急車(きゅうきゅしゃ) 구급차	テレビ 텔레비전
ニュース 뉴스	えらい 훌륭하다, 잘나다
～ようになる -하게 되다	はじめて 비로서, 처음으로
ドラマ 드라마	～なら -라면
慣(な)れる 익숙해지다	お陰(かげ) 덕택, 덕분
いろいろ 여러 가지	手伝(てつだ)う 돌보다
もらう 받다	感謝(かんしゃ) 감사
役(やく)に立(た)つ 도움이 되다	さいわい 다행, 행복

양태ようだ

1 접속

명사	～の ＋ ようだ
な형용사	～な ＋ ようだ
い형용사・동사 원형(보통형)	＋ ようだ

2 의미

① **비유용법** 모습이나 상태를 어떤 것에 비유하여 나타내는 경우에 쓰인다. 어떤 것을 구체적으로 예시할 때에도 쓰인다.

> 예　ビルの 屋上から 見ると 人が まるで ありのようです。
> まだ 10月なのに 冬のように 寒いです。
> まるで りんごのように ほほが 赤いです。

② **추측용법** 어떤 것에 대해 그때의 상황이나 주어진 정보를 바탕으로 하여 그렇다라고 추측할 수 있는 상황이라고 판단될 때 쓰인다. 자신의 주관적인 생각에도 사용할 수 있고 자신의 느낌이나 관찰에 의한 추측 또는 또한 단점을 피해서 말할 때 사용한다. 단, 말하는 이의 의지가 담긴 행위에 대한 예측에도 사용하지 않는다.

> 예　その話を どこかで 聞いたようです。
> この 風邪薬は 飲むと 眠く なるようです。

③ **완곡하게 표현**하는 경우에도 사용한다.

> 예　田中さん、このごろ 遅刻が 多いようですが、気を つけなければ なりませんよ。

(比較) ～らしい ～인 것 같다

| 1 | 접속 |

동사, い형용사 원형　　　＋ らしい

な형용사 어간　　　　　＋ らしい

명사　　　　　　　　　＋ らしい

| 2 | 의미 |

❶ 말하는 이가 보거나 들은 내용을 현시점에서 판단해서 말할 때 사용한다. 직감적인 생각 보다는 그렇게 추측한 객관적인 근거가 있을 때 주로 사용한다.

> あの人は 日本人では ないらしいです。
> 天気予報に よると 台風が 近づいて いるらしいです。
> あの子は ほうれんそうが きらいらしいです。

자신이 주관적으로 말할 때는 사용하지 않는다.

> 私の目の中に何か入ったようです。(○)
> 私の目の中に何か入ったらしいです。(×)

❷ 양태의 ようだ 와 마찬가지로 말하는 이의 의지가 담긴 행위에 대해 예측할 때는 사용하 지 않는다.

❸ ～らしい 는 い형용사와 같이 활용하지만 보통 과거형이나 부정형으로 쓰지 않는다.

❹ 접미사 らしい 명사 + らしい 는 ~**답다**의 뜻으로도 쓰인다. 이 경우에는 과거형, 부정형으로 쓸 수 있다.

> 예 中山さんは 本当に <u>女らしい</u> 人ですね。　⇨ 여자답다
> その 服は <u>学生らしく ありません</u>。　⇨ 학생답지 않다.

みたいだ 양태의 ようだ 용법과 같으며 보통 회화체나 스스럼없는 대화에 쓰인다.

> 예 田中さんは このころ 忙しいみたいです。
> あの人は 怒っているみたいな 顔を して います。
> 合格なんて まるで 夢みたい。
> 私みたいな 貧乏人には とても 買えません。
> 誰か 来たみたいです。

일본의 종교

일본인의 종교는 크게 신도(神道)와 불교로 나누어 볼 수 있다.

신도는 원시적인 조상숭배와 자연숭배가 뒤섞인 일본 고유의 종교인데, 신도와 불교를 동시에 믿고 있다고 대답하는 사람이 많다. 결혼식은 신도식 혹은 기독교식으로, 그리고 장례식은 불교식으로 하는 것에서 알 수 있듯이 일본인들은 이들 종교를 신앙으로 믿는다기 보다는 일종의 관습처럼 여기고 있는 것이다. 또한 최근에는 신흥종교가 다수 생겨나고 있다.

空が 曇っていて、今にも 雨が 降りそうですね

姜　　あや、空が 曇って いて、今にも 雨が 降りそうですね。

山本　ええ、天気予報に よると、午後は 雨が 降るそうです。

姜　　大変だ。これから 買いもの しなければ ならないのに。

山本　今夜 パーティーでも あるんですか。

姜　　実は 昨日 電車で かばんを なくして しまったんです。それで か

　　　ばんを 買いに 行こうと 思って。

山本　そうですか。でも 天気と かばんを 買いに 行く こととは あまり

　　　関係ないんじゃ ありませんか。

姜　　いえ、マーケットや 百貨店では なく 家の 近くの 市場に 行って

　　　買う つもりなんです。

山本　でも、姜さん、かばんは 市場より 大型マーケットや 百貨店のほ

　　　うが いろいろと そろえて いて 選びやすいと 思いますが。

姜　　それは そうですが、二、三日前 帰り道に かわいい かばんを その

　　　市場で 見かけたんです。もし 今日の午後 時間が あれば いっ

　　　しょに 買いものに 行きませんか。

山本　いいですよ。

姜　　あのかばんです。どうですか。

山本　ええ、デザインも　色も　本当に　かわいいですね。値段は　どうで
　　　しょうかね。少し　高そうに　見えませんか。

姜　　一応 店員に　聞いて　みましょう。思ったより　高く　ないかも　しれ
　　　ませんよ。

姜　　すみません。このかばん　い
　　　くらですか。

店員　はい、それですか。5万　8千
　　　ウォンで　ございます。

주요어구

空(そら) 하늘	曇(くも)る 흐리다
天気(てんき) 날씨	予報(よほう) 예보
～によると -에 의하면	午後(ごご) 오후
買(か)いものする 물건을 사다	今夜(こんや) 오늘밤
パーティー 파티	電車(でんしゃ) 전차
なくす 잃다, 없애다	しまう 버리다
関係(かんけい) 관계	マーケット 마켓
百貨店(ひゃっかてん) 백화점	近(ちか)く 근처
市場(いちば) 시장	大型(おおがた) 대형
そろえる 갖추다	選(えら)びやすい 고르기 쉽다
帰(かえ)り道(みち) 돌아오는 길	見(み)かける 발견하다
あれば 있다면	高(たか)そうに 비싼 듯이
見(み)える 보이다	一応(いちおう) 일단
思(おも)ったより 생각했던 것보다	～かもしれない -일지도 모른다
～でございます ～です의 낮춘말	

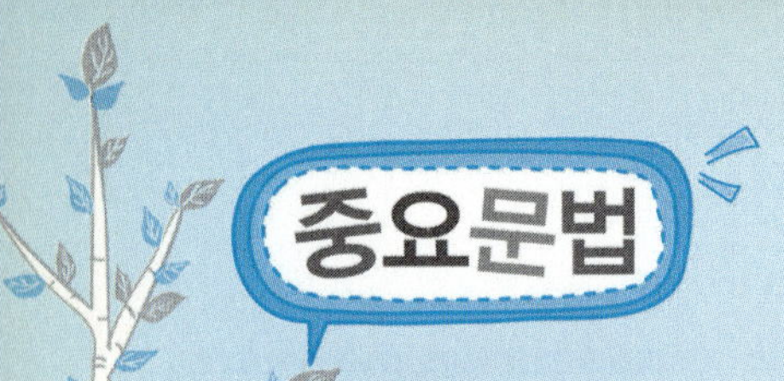

양태そうだ

1 접속

①

> 동사 ます형　　＋ そうだ　　～ (할)것 같다
> い형용사 어간　＋ そうだ　　～ (인)것 같다
> な형용사 어간　＋ そうだ
>
> (예외) いい ⇨ よさそうです　　ない ⇨ なさそうです

（예）　このりんごは おいしそうです。
あの子は とても 元気そうです。
この近くには パン屋は なさそうです。
外は 寒そうです。
今にも すぐ 泣き出しそうです。
キムチは 本当に 辛そうです。
朴さんは 今日 ひまそうですね。ぶらぶらして いて…。

② 명사에는 연결되지 않는다.

③ 양태 そうだ의 부정형

동사 : そうも ない	**명사** : 　 では なさそうだ
そうに ない	**い형용사** : く なさそうだ
そうにも ない	**な형용사** : では なさそうだ

（예）　あの人は 先生では なさそうです。
この映画は おもしろく なさそうです。
あの机は あまり 丈夫では なさそうです。
田中さんは 徹夜したので 今日は 来そうも ありません。
このドアは 丈夫なので、簡単には 壊れそうにも ありません。

④ 〜 そうな ＋ 명사 / 〜 そうに ＋ 동사

예 さびしそうな 顔を して います。
みんな 樂しそうに 踊って います。
あの男の人は まずそうな 顔を して、今 食べて います。

2 의미

말하는 이가 본 상황이나 인상에 대해 말하고자 할 때, 상태를 보고 무슨 일이 일어날 것이라고 생각했을 때 쓰인다. 그리고 말하는 이의 판단이나 추측, 예감을 나타낼 때 쓰인다. 그러나 객관적으로 바로 알 수 있는 것에는 쓰지 않는다.

즉, 양태そう는 말하는 이가 보고 자신이 추측한 생각을 말할 때 쓰는 표현이다. 다른 이에게 들었거나 어떤 매체를 통해서 얻은 정보로 추측할 때는 절대 사용할 수 없다.

예 きれいな 部屋ですね。(○)
きれいそうな 部屋ですね。(×)

1 의미

말 그대로 듣거나 전해들은 말을 다른 사람에게 전할 때 사용하는 표현이다.

2 접속

동사, い형용사원형　　　+ そうだ

な형용사, 명사 ~だ의 원형 + そうだ

예 天気予報に よると 今日 夕方から 雨が 降るそうです。
　　昨日は お客さんが おおぜい 来て 大変だったそうです。
　　あの映画は おもしろいそうです。

花火 불꽃놀이
_{はなび}

해양성기후인 일본은 습기가 많고 밤낮의 기온차가 심하지 않아 무더운 여름밤을 시원하게 보내기 위해 매년 여름 전국각지에서 불꽃놀이 대회가 열린다. 일본의 불꽃놀이 기술은 도쿠가와 막부 시절부터 오늘날까지 계속 전승되어 온 것으로, 강가나 해변 등에서 행해지며 어린이나 젊은 여성은 천으로 된 저렴한 무명홑옷인 「유카타(浴衣)」를 입고 구경하기도 한다. 도쿄의 스미다강(隅田川)에서 매년 열리는 불꽃놀이 대회가 가장 유명하다.

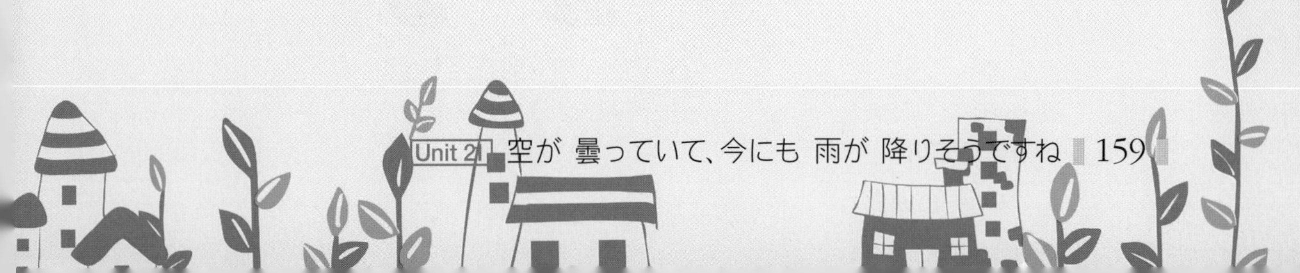

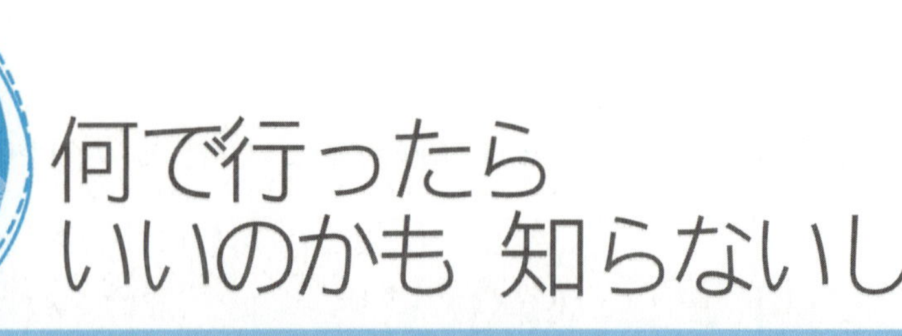

22 何で行ったら いいのかも 知らないし

Unit

岩井　今度の日曜日　どこかへ　行きますか。

李　いいえ、別に。家に　いながら　小説でも　読もうかと　思いますが、岩井さんは。

岩井　ヨイン民族村に　行くつもりです。一昨日　ある　テレビの番組で見て、一度　行って　みたいと　思いました。それで　今度の日曜日に　行こうかなと　思って　います。

李　まだ　行ったことが　ありませんか。

岩井　はい、行ったこと　ありません。ヨインは　ソウルから　ちょっと　離れて　いるし、今まで　行く　チャンスも　なかったんです。

李　　そうですか。それじゃ、いっしょに 行きましょうか。

岩井　そう して くれますか。うれしいな。本当は 心配して いたんです
　　　よ。行く道も 知らないし、何で 行ったら いいのかも 知らないし。

李　　ヨイン民族村なら、ガンビョン駅から 出発する 直行バスが あり
　　　ます。そのバスに 乗って 行くと 一時間ぐらい かかります。

岩井　思ったより 遠く ありませんね。樂しみだな。

別(べつ)に 별로	小説(しょうせつ) 소설
ヨイン 용인	民族村(みんぞくむら) 민속촌
一昨日(おととい) 그저께	ある～ 어떤-
番組(ばんぐみ) 프로그램	ソウル 서울
離(はな)れる 떨어지다	チャンス 기회
くれる 주다	出発(しゅっぱつ) 출발
直行(ちょっこう) 직행	かかる 걸리다

1 　～と　～(하)면

❶ A と B의 형태에서 A조건이 성립하면 필연적으로 B도 성립한다는 의미이다. B에는 현재형이어야 하며 말하는 이의 희망, 명령, 권유, 의지, 권유 등을 표현하는 문장은 오지 않는다.

> **예** 春に　なると　桜の花が　咲きます。(○)
> 　　春に　なると　桜の花が　咲くでしょう。(×)
> 　　この道を右に　曲がると、海が　見えます。

❷ 말하는 이의 의지가 담긴 습관적인 행위에 사용한다.

> **예** 私は　おなかが　すくと　いつも　パンを　食べます。

❸ 일상생활에 있어서 상대방이나 자신에게 어떤 행동을 하도록 재촉하는 경고의 의미로 사용된다. 문말에 「いけない、だめだ、困る」 등의 부정적인 표현이 생략되어 있다.

> **예** もう　八時ですよ。早く　起きないと。
> 　　隣の　部屋が　うるさいと　眠れません。
> 　　この店は　外国人では　ないと　入れません。(경고)
> 　　みんなに　知らせないと。

2 　～たら　～(하)면/ ～(으)면

❶ A たら B의 형태에서 동작・작용(미래의 일)이 완료된 후에 B의 행위를 하는 것을 할 때 표현할 때 쓰인다. 여기에서는 ～たら에는 가정의 의미가 없다. B에 말하는 이의 의지, 생각, 의견, 조언 등의 문장이 온다.

例 夏休みに なったら 国へ 帰ります。

駅に 着いたら 電話を ください。すぐ 迎えに 行きます。

書類が できたら 見せて ください。

❷ A たら B의 형태로 A에는 가정, 조건을 나타낸다.

例 いい 雑誌が あったら 買って きて ください。

もし、必要だったら 一度 行って みた ほうがいいですよ。

もし、女の子だったら「ユリ」という 名前を つけましょう。

明日 いい天気に なったら 海に 行きましょう。

❸ 「〜ば、〜と」와 달리 문장 끝에 제한이 없다.

❹ 「〜たら」의 연결형

1형동사	ある	あったら	なかったら
	会う	会ったら	会わなかったら
	話す	話したら	話さなかったら
	死ぬ	死んだら	死ななかったら
	帰る	帰ったら	帰らなかったら
2형동사	起きる	起きたら	起きなかったら
	食べる	食べたら	食べなかったら
い형용사	安い	安かったら	安くなかったら
	いい	よかったら	よくなかったら
な형용사	静か	静かだったら	静かではなかったら
명사	病気	病気だったら	病気ではなかったら

3 〜ば 〜(하)면, 〜라면

❶ A ば B 형태로 A의 가정조건을 나타내는 말이 들어간다. 앞의 조건에 따른 결과가

논리적이고 필연적으로 일어나는 경우에 쓰인다. 주로 속담이나 진리, 습관 등에 사용된다. 이「ば」가정법에는「그렇지 않으면」이라는 뜻이 내포되어있다.

예 よく 読めば すぐ 分かります。
　　字が あまりに 小さいので よく 読めなければ なりません。
　　もし 時間が あれば いっしょに 行って くれませんか。
　　これで よければ 貸して あげます。
　　もし ひまなら あそこに 行って 田中さんを 手伝って ください。

❷ な형용사, 명사에는「～ば」형이 없다. 대신「～なら」를 쓴다.「～なら」는「～なら(ば)」의
　형태로도 쓰인다.

❸ 「ば」「なら(ば)」의 연결형

1형동사 (어미う단 ⇨ 어미え단 + ば)	ある ⇨ あれば 話す ⇨ 話せば 会う ⇨ 会えば 死ぬ ⇨ 死ねば 帰る ⇨ 帰れば	ない ⇨ なければ 話さない ⇨ 話さなければ 会わない ⇨ 会わなければ 死なない ⇨ 死ななければ 帰らない ⇨ 帰らなければ
2형동사 (어간 + れば)	起きる ⇨ 起きれば 食べる ⇨ 食べれば	起きない ⇨ 起きなければ 食べない ⇨ 食べなければ
する동사	する ⇨ すれば	しない ⇨ しなければ
来る동사	くる ⇨ くれば	こない ⇨ こなければ
い형용사 (어미い ⇨ ければ)	安い ⇨ 安ければ よい ⇨ よければ	安くない ⇨ 安く なければ よくない ⇨ よく なければ
な형용사	靜か ⇨ 靜かなら	靜かで(は) ない ⇨ 靜かで(は) なければ
명사	学生 ⇨ 学生なら	学生で(は) ない ⇨ 学生で(は) なければ

4 ～なら ～(하)면, ～라면

❶ A なら B 의 형태로 A에는 상대가 말한 내용이나 상태를 표현하는 말이 들어가고 B에 말하는 이의 조언, 의지, 의견이 들어간다.

❷ 「～에 대해서만은」이라는 한정을 나타내는 용법으로도 쓰인다.

❸ 명사, な형용사 ＋ なら
동사, い형용사원형 ＋ なら

> 先生なら　　　　　有名なら
> 行く ⇨ 行くなら　　　行った　　⇨ 行ったなら
> 安い ⇨ 安いなら　　　安かった　⇨ 安かったなら

> 納豆が 嫌いなら、食べなくても いいですよ。
> 山中さんなら さっき 出かけました。
> 図書館へ 行くなら この本を 返して ください。

23 生まれて はじめて もらった 花束です

Unit

山本 はい、開いて います。どうぞ。

ユリ おじゃまします。山本さん、こんにちは。わあ、きれいな お花ですね。どうしたんですか。

山本 実は 今日 私の 誕生日なんです。それで 昨日 友だちから もらいました。

ユリ へえ、女の 友だちでは なさそうですね。ボーイフレンドから もらったんでしょう。

山本 まあ、ユリさんたら。生まれて はじめて もらった 花束です。

ユリ うれしかったでしょう。うらやましいわ。私も 花束なんか くれる ボーイフレンド ほしいなあ。

山本	ユリさんは 目が 高いから なかなか 見つからないんですよ。
ユリ	私、目、あまり 高く ありません。誤解（ごかい）だわ。
山本	いや、うわさされて います。ユリさんは 目が 高いって。
ユリ	本当! どうして! 違います。
	山本さん、どうぞ プレゼントです。お誕生日、おめでとう。
山本	えっ、ありがとう。知って いましたか。うれしい。きれいな スカーフですね。本当に ありがとう ございます。もらっても いいかしら。
ユリ	え、つまらないものですが 気（き）を 使（つか）いました。気に 入りますか。
山本	もちろんです。こんな いいもの もらっちゃって。ユリさんの お誕生日には 何を あげたら いいのか 悩んで しまうな。

주요어구

空(あ)く 비다	おじゃまします 실례합니다
誕生日(たんじょうび) 생일	ボーイフレンド 남자친구
生(う)まれる 태어나다	花束(はなたば) 꽃다발
うらやましい 부럽다	目(め)が高(たか)い 눈이 높다
見(み)つかる (찾던 것을) 찾게 되다	誤解(ごかい) 오해
うわさ 소문	～って -라고
違(ちが)う 틀리다	プレゼント 선물
おめでとう 축하해요	知(し)る 알다
うれしい 기쁘다	つまらない 보잘것없다
気(き)を遣(つか)う 신경을 쓰다	気(き)に入(い)る 마음에 들다
あげたら 주면	悩(なや)む 고민하다

1   あげる주다/ さしあげる드리다/ やる주다

주는 사람	은/는	받는 사람	に	물건	を さし あげます
					あげます
					やります

여기에서 받는 사람 은 「내가 속한 집단」인 경우에만 사용하지 않는다. 「Vてあげる」도
마찬가지이다. 제 3자간에도 사용할 수 있다.

> 예 田中さんは 私に プレゼントを あげました。(×)
> 田中さんは 私に プレゼントを くれました。(○)
> 田中さんは 私の 弟に プレゼントを あげました。(×)
> 田中さんは 私の 弟に プレゼントを くれました。(○)

さしあげる는 윗사람에게 やる는 동식물이나 자신의 가족, 손아래사람, 자신의 가족이 한
일을 가족이외인 사람에게 말할 때 쓰인다.

> 예 私は 惠子さんに ケーキを あげました。
> 林さんは お正月に お子さんに お年玉を あげますか。
> これは 先生に さしあげようと 思って 買いました。
> 花に 水を やるのを 忘れないでね。

2   もらう받다 / 겸양어いただく받다

받는 사람	은/는	주는 사람	から/に	물건	を もらいます
					いただきます

여기에서도 주는 사람 이 「내가 속한 집단」인 경우에 사용하지 않는다. 「～Vて もらう」도
마찬가지다.

例 私は 中山さんに プレゼントを あげました。(○)
中山さんは 私に(から) プレゼントを もらいました。(×)
私の弟は あなたに プレゼントを あげましたか。(○)
あなたは 私の弟に プレゼントを もらいましたか。(×)

주는 사람 에게 연결되는 조사는 に/から 모두 사용한다. 그러나 주는 쪽이 사람이 아닌 경우에는(회사, 단체 등)「から」를 쓴다.

例 私は 会社から 10万円 もらいました。(○)
私は 会社に 10万円 もらいました。(×)

例 妹は 誕生日に ボーイフレンドから マフラを もらいました。
友達に これを もらいました。
あら、このバック、だれから もらったんですか。

いただく는 주는 사람 이 윗사람인 경우에 사용한다.

例 もう いっぱい お茶を いただきたいんですか。
この本を いただきます。いくらですか。
これ、先生から いただいた 本なんですよ。

3 くれる주다 / 존경어くださる주시다

주는사람 は/が 받는 사람 に 물건 を くれます
くださいます

주는 사람이「내가 속한 집단」이어서는 안되고 받는 사람은 보통「내가 속한 집단」에만 해당한다.「V てくれる」도 마찬가지이다.

田中さんは 山田さんに プレゼントを くれました。(×)
田中さんは 私に プレゼントを くれました。(○)
田中さんは 私の弟に プレゼントを くれました。(○)

「くださる」는 **주는 사람**이 윗사람인 경우에 쓰인다.

この鏡は 田中さんが 旅行の おみやげに くれたものです。
姉が 風邪を ひいて 映画を 見に 行けなく なって 私に その切符を くれました。
これは 大学入学いわいに 先生が くださった 辭書です。
田中さんは 二人で 映画に 行きましょうと 言って この切符を くださいました。

일본의 학교제도

일본의 학교제도는, 제2차 세계대전 후, 미국의 제도를 참고로 하여 개혁되었다.
小学校 6년, 中学校 3년의 의무교육을 기본으로 하고 있다. 우리나라와 동일한
「6·3·3·4」제이며, 신학기는 4월에 시작된다. 3학기제가 실시되고 있으며 각
학기는 각각 여름방학, 겨울방학, 봄방학으로 구분되어 있다.

24 手作りのケーキを あげようと 思って 今 作っています

Unit

内山　李さん、今 何を して いますか。

李　今日 山本さんの 誕生日のパーティーに 手作りのケーキを あげ
ようと 思って 今 作って います。

内山　すごい。自分で 作れるんですか。私も 作って みたいな。今度 ケー
キの作り方、教えて くれませんか。

李　ええ、いいですよ。私で よかったら いつでも どうぞ。ところで 内
山さん、山本さんが 道を 教えて くれましたが よく 聞き取れま
せんでした。分かりますか。

内山　大丈夫です。一度 行ったこと あります。教えて あげましょうか。
あ、そうだ。もし 時間が あったら 一緒に 行きましょうか。これか
ら デパートに 行って プレゼントを 買ってから 行くつもりです。

李　はい、いいですね。ケーキも
そろそろ できあがるし。

内山　何が いいな。この香水、どうですか。山本さんが どのブランドの
を 使っているか 知って いますか。

李　残念ながら 知りません。花束のほうは どうですか。山本さん お
花、好きですよ。香水は 南さんが プレゼントすると 聞きました。

内山　あ、本当。じゃ、花に しましょうか。喜んで くれると いいですね。

李　もちろんですよ。きっと 喜びますよ。

手作(てづく)り 손수 만듦, 만든 것	持(も)つ 갖다
すごい 대단하다	作(つく)れる 만들 수 있다
教(おし)える 가르치다	聞き取る 알아듣다
あったら 있다면	そろそろ 슬슬
できあがる 완성되다	香水(こうすい) 향수
ブランド 브랜드	残念(ざんねん)ながら 유감이지만
喜(よろこ)ぶ 기뻐하다	

1 　Ｖて あげる〜해 주다 / Ｖて さしあげる〜해 드리다 / Ｖて やる〜해 주다

❶ 상대를 위해 친절한 행위를 하는 것을 표현할 때 쓰인다. 제 3자간에도 사용할 수 있다.

> 예　デートの後 山村さんは ユリさんを 家まで 送って あげました。
> 林さんに この アルバイトを 紹介 して あげたら どうですか。
> おばあさんの バックを 持って さしあげました。
> 妹は 毎晩 子供に 本を 読んで やります。

❷ 자신의 행위에 「Ｖて あげる」는 업무상의 당연한 행위나 대화상대가 윗사람인 경우사용
하지 않는 것이 좋다.

❸ 조사사용에 주의해야 한다.

　① 행위가 상대방(〜を)에게 직접적으로 미칠 때

> 예　子供を 助けて あげます。

　② 행위의 대상(〜を)과 그것을 받는 상대(〜に)가 있다

> 예　金さんに 傘を 貸して あげます。

　③ 행위의 대상(〜を)이 상대(〜の)의 소유물이나 상대방과 관계가 있는 것

> 예　先生の かばんを 持って あげます。

2　Vて もらう/ 겸양어Vて いただく 〜 (해) 받다

❶ 다른 사람에게 친절한 행위를 받을 때 쓰인다.

❷ 행위를 하는 사람을 나타낼 때 조사「に」만 사용한다.
(〜を もらう、〜を いただく와 다른 점이다)
단, 행위를 하는 사람에게서 받는 사람에게로 물건 등이 이동하는 경우에는「に」대신
「から」는 쓰기도 한다.

> **예** 私は 金さんから 傘を 貸して もらいました。(○)
> 　　私は 金さんに 傘を 貸して もらいました。(○)
> 　　私は 金さんに 写真を 撮って もらいました。(○)
> 　　私は 金さんから 写真を 撮って もらいました。(×)

❸「〜てもらう」는「〜てくれる」와 달리 어떤 행위를 부탁해서 받았다는 뉘앙스가 들어
있다.

> **예** 私は 朝 起きられないので いつも 母に 頼んで 起こして もらいます。
> 　　昨日は 財布を 忘れて きたので 友達に お金を 貸して もらいます。
> 　　田中先生に 日本語の 作文を 直して いただきました。
> 　　この時計は 10年前 叔父に 買って もらったものです。

3　Vて くれる〜(해) 주다/ Vて くださる〜(해) 주시다

❶「내가 속한 집단」의 사람이 다른 사람의 행위에 대해 기쁘거나 고맙게 느낄 때 사용한다.
감사한 마음이 없을 때에는 수동형으로 표현한다.

 中山さんが ドアを 閉めました。
　⇨ 단순히 말하는 이의 감정이 담겨있지 않은 사실 그대로를 표현한 문장
中山さんが ドアを 閉めて くれました。
　⇨ 고마운 마음을 표현한 문장
中山さんに ドアを 閉められました。
　⇨ 고맙지 않고 오히려 원하지 않았을 때의 문장

❷ 행위의 방향을 제시하고자 할 때에 사용한다.

 金さんが 写真を 見せました。
　⇨ 누구에게 보여 주었는지 알 수 없다.
金さんが 写真を 見せて くれました。
　⇨ 나에게 보여 주었는지 알 수 있다.

 テープを 買って きて くれますか。
クラス会の 時間が 決まったら みんなに 知らせて くれませんか。
中山さんは 私の パソコンを 直して くれました。
カウンセリングの 先生は 私の 話を よく 聞いて くださいました。
そして いろいろと いい アドバイスを 言って くださいました。

기모노(着物)

일반적으로 기모노는 특별한 의식이나 파티 등이 있을 경우에 입는 일이 많으며, 일상적으로는 그다지 입지 않는다.

그러나 최근에는 기모노의 패션성이 재평가되고 있다. 기모노의 예장에는 몇 가지가 있다. 미혼여성은 겨드랑이 밑을 터놓는 긴 소매의 옷인 「후리소데(振袖)」를 입으며 기혼여성은 보통기장으로 지은 소매의 옷인 「도메소데(留袖)」를 입는데, 기혼이나 미혼의 구별이 없는 예장도 있다.

한편 남성의 기모노로는 기혼과 미혼의 구별 없이 「하오리 하카마(羽織はかま)」를 착용한다. 기모노를 입을 때는 허리띠에 해당하는 「오비(帯)」를 매고 양말 대신에 「다비(足袋)」를 신으며, 외출 시에는 일본식 짚신인 「조리(草履)」나 「나막신(下駄)」를 신는다는 것이 기본이다.

25 Unit

<ruby>何時<rt>なんじ</rt></ruby>ごろ お<ruby>着<rt>つ</rt></ruby>きになりますか

朴	もしもし、池田さんの お宅ですか。
家内	はい、さようで ございます。どちら様でしょうか。
朴	私は 韓国の 朴と 申しますが、池田さん いらっしゃいますか。
家内	はい、朴さん、ご<ruby>無沙汰汰<rt>ぶさた</rt></ruby>して おります。お元気ですか。今 すぐ 変わりますので、少々 お待ち ください。
池田	もしもし、電話 変わりました。
朴	あ、もしもし、朴ですが。明日のことで お電話いたしました。
池田	はい、何時ごろ お着きに なりますか。
朴	えーと、三時です。いつも お世話に なりまして。
池田	いいえ、こちらこそ。じゃ、明日 お目に かかります。

池田	いらっしゃいませ。ようこそ。
朴	どうも わざわざ お迎えに 来て いただいて ありがとう ございます。
池田	いいえ、朴さん、よろしかったら 夕食は 家で いかがですか。
朴	そんな ご迷惑を おかけして よろしいですか。
池田	つまらないものですが、うちの 女房が ぜひと 言って ました。お会い したいそうです。
朴	どうも。

池田(いけだ) 이케다(인명)		宅(たく) 댁	
さようでございます そうです의 낮춘말		どちら様(さま) 어느 분(누구의 높임말)	
〜と申(もう)す -라고 합니다		いらっしゃる 계시다, 가시다, 오시다	
無沙汰(ぶさた) 격조		おる いる의 낮춘 말	
少々(しょうしょう) 잠시		もしもし 여보세요	
いたす する의 낮춘말		着(つ)く 도착하다	
空港(くうこう) 공항		わざわざ 일부러	
迎(むか)える 마중하다		いただく もらう의 낮춘말	
よろしい 좋다		いかが どうの 낮춘말	
迷惑(めいわく) 폐		〜をかける 폐를 끼치다	
女房(にょうぼう) 처, 아내		ぜひ 꼭, 제발	

일본어경어는 크게 (1)존경어 (2)겸양어 (3)정중표현으로 나뉜다.

1 존경어

상대방이나 제3자에게 존경의 기분을 나타낼 때 사용하는 표현이다. 주어는 존경받는 사람이다.

❶ 존경을 나타내는 특별동사

존경동사	
する	なさる
言う	おっしゃる
見る・読む	ご覧になる
着る	お召しになる
食べる・飲む	召し上がる
いる・来る・行く	いらっしゃる・おいでになる
来る	見える・お見えになる
死ぬ	おなくなりになる
知る 知っている	ご存じる ご存じです
くれる	くださる

❷ **お(ご)　V(ます형)　に　なる** 〜(ら)れる보다 존경의 정도가 높다.
　　　동작성명사

 お書きに なる。

ご説明に なる。

明日 何時に いらっしゃいますか。

お客様、これを 召し上がって みて ください。

ごめんなさい。何か おっしゃいましたか。

あの方、ご存じですか。

何に なさいますか。

会長は 10月 10日に アメリカから お帰りに なります。

この新聞は もう お読みに なりましたか。

先生は どこで 降りられますか。

田中さんの おじいさまは 毎朝 公園を 散歩されるそうです。

수동형(〜られる) 중, 존경어로 쓰이는 경우도 있다.

書かれる	乗られる	食べられる
帰られる	読まれる	飲まれる

2 겸양어

상대방에게 존경의 기분을 표현하기 위해 자신의 행위를 겸손하게 말할 때 사용한다. 존경할 대상이 없는 동작에는 사용하지 않는다.

❶ 겸양을 나타내는 특별동사

겸양동사	
する	いたす
言う	申す・申し上げる
見る・読む	拝見する
聞く	うけたまわる(承る)
食べる・飲む	いただく・ちょうだいする
いる	おる
ある	ござる
行く・来る	参る
聞く・訪ねる・訪問する	うかがう
知る / 知っている	存じる / 存じて いる
あげる	さしあげる
もらう	いただく

❷ お(ご)　V(ます형)　する(いたす) ―する의 겸양어가 いたす
　　　　동작성명사

예 昨日は 先生の お宅で 食事を いただきながら 先生の お話をうかが いました。
明日は ずっと 家に おります。
私が かばんを お持ちします。(お持ちいたします)
何に いたしましょうか。
私の 兄が ご案内いたします。
決まり次第、お知らせいたします。

＊「～て います」「～て みます」의 겸양어, 존경어는 보조동사를 존경어, 겸양어로 바꾸어 사용한다.

❶ 특별동사「**ございます**」는 서비스업계에서는 자주 사용한다.

명사 · な형용사 ＋ で ございます

「～です」는「～で ございます」,「～が あります」는「～が ございます」

> 예 田中で ございます。よろしく お願いいたします。
> ヒルトンホテルで ございます。
> Lサイズも ございます。

❷ 존경접두어 **お～、ご～　お　　＋ い형용사**

　　　　　　　　　　　　お · ご ＋ な형용사/명사

　　　　　　　　　　　　（한자어에는 **ご**가 붙는다）

> 예 ここに あるものは どうぞ ご自由に お使いください。
> ごゆっくり お休みください。

❸ **お V(ます형)です　～(하고) 계십니다**

> 예 何か おさがしですか。
> 切符を お持ちですか。
> お待ち合わせですか。
> 先から お客様が お待ちです。

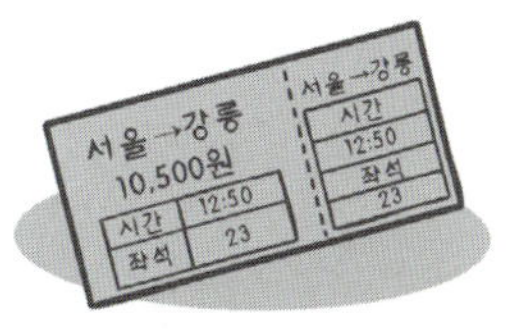

相撲（すもう）

일본에서 인기있는 스포츠로 손꼽히는 스모는 1909년에 국기(国技)로 제정되었다. 고대에는 농경의례나 신에게 드리는 제사로 행해졌기 때문에 현재도 의식적인 요소를 많이 포함하고 있다. 씨름판에 등장하는 의식인 「도효이리(土俵入り)」는 우리나라의 천하장사에 해당하는 최고위의 씨름꾼인 「요코즈나(横綱)」가 그 주역을 맡는다.

시합이 시작되면 상투를 틀고 샅바(まわし)만을 걸친 두 명의 선수가 씨름판(土俵)에 올라가는데, 씨름판은 직경 4.55미터의 원형으로 되어 있다. 시합 전에 선수들은 물로 입을 헹군 뒤 씨름판 위에 소금을 뿌리는데, 이는 씨름판을 정결하게 하는 의식이다. 그리고 나서 구부린 자세에서 서로를 응시하는 행동을 몇 차례 반복한 후에 시합을 시작한다. 한 쪽이 씨름판에서 밀려나거나 발바닥 이외의 신체의 일부가 지면에 닿는 것으로 승부가 가려지게 된다.

일본스모협회가 주관하는 공식적인 씨름 대회를 「오즈모(大相撲)」라고 하는데, 매년 6번에 걸쳐 행해진다. 씨름 대회의 시합을 「바쇼(場所)」라고 하며, 각 지방을 순회하며 시합이 이루어진다.

김남숙

日本 奈良女子大学 住居学科 卒業
한국외국어대학 통역대학원 한일과 졸업
서강대학 공공정책대학원 일본학과 수료
경기대학 관광개발학과 박사과정 수료
(현) 한양여자대학 국제관광과 교수

베이직 일본어

초판인쇄 2011년 2월 17일
초판발행 2011년 2월 28일

저   자 김남숙
발 행 인 윤석현
발 행 처 제이앤씨
책임편집 조성희
등록번호 제7-220호

우편주소 (132-040) 서울시 도봉구 창동 624-1 북한산현대홈시티 102-1206
대표전화 (02)992-3253
전   송 (02)991-1285
홈페이지 http://www.jncbms.co.kr
전자우편 jncbook@hanmail.net

· 저자 및 출판사의 허락 없이 이 책의 일부 또는 전부를 무단복제·전재·발췌할 수 없습니다.
· 잘못된 책은 바꿔 드립니다.

ⓒ 김남숙 2011 All rights reserved. Printed in KOREA

ISBN 978-89-5668-837-4 13730   정가 12,000원